山顶视角
代表作定制出版

成 就 顶 尖 高 手 代 表 作

让 阅 读 更 有 价 值

催化型

破解新晋领导者的转型困境

领导力

徐立新 著

北京联合出版公司
Beijing United Publishing Co.,Ltd.

图书在版编目（CIP）数据

催化型领导力：破解新晋领导者的转型困境 / 徐立
新著 . -- 北京：北京联合出版公司，2025. 1. -- ISBN
978-7-5596-7755-6

Ⅰ . F272.91-49

中国国家版本馆 CIP 数据核字第 2024KV0445 号

催化型领导力：破解新晋领导者的转型困境

徐立新　著

出 品 人：赵红仕
出版监制：刘　凯
选题策划：山顶视角
策划编辑：王留全　李俊佩
责任编辑：李建波
封面设计：创研设 BOOK Design QQ:418808878
版式设计：聯合書莊
内文排版：黄　琴

关注联合低音

北京联合出版公司出版
（北京市西城区德外大街83号楼9层　100088）
北京联合天畅文化传播公司发行
北京美图印务有限公司印刷　新华书店经销
字数162千字　880毫米×1230毫米　1/32　8.5印张
2025年1月第1版　2025年1月第1次印刷
ISBN 978-7-5596-7755-6
定价：68.00元

CONTENTS
目　录

推荐语

（按姓氏音序排序）

李发海 益策教育创始人

一个人什么时候最需要学习？就是转换角色的时候，尤其是从个人贡献者到领导者的转换。学习最为重要的是跟对老师，我们推崇跟随具有标杆企业背景的老师，他们教学理念先进，工具方法俱全，比较容易学到真东西。徐立新老师就是这样的一位优秀老师，特别推荐他的《催化型领导力》，值得阅读！

石连杰 《中欧商业评论》数字化学习发展业务原总经理

"师者，所以传道受业解惑也。"徐立新老师在 20 余年知名外企业务管理经验的基础上，结合近年各行业头部企业领导力发展项目实践，沉淀、萃取出新晋领导者转型时最为关键的能力模型与实践方法，在帮助新晋领导胜任新角色的同时，也为中国的领导力发展贡献了宝贵的参考。

唐兴通　数字商业突破专家，逆势增长顾问

在数字化浪潮席卷全球的今天，《催化型领导力》为领导者提供了一个全新的思维框架。这本书不仅深刻洞察了 AI 时代领导力的本质转变，更难能可贵的是，它将冰冷的数字转型与人文关怀完美融合。

作者基于丰富的实践经验，为领导者在数字化变革中如何"催化"团队潜能提供了清晰可行的方案。在这个充满不确定性的时代，这本书将成为每一位期待在数字化浪潮中基业长青的领导者的重要指南。

王　磊　原京东科技、360 数科企业大学校长

在企业中，新晋领导者容易被琐事缠身，此时最需要一些简单易用、能快速解决实际问题的方法助力他们完成角色转换，使其快速在新角色中发挥最大价值。徐立新老师的《催化型领导力》提供的正是符合这些需求的内容，涵盖了"扎心三问""三力模型"等经典工具，并附带大量真实的转型案例，切实解决了新晋领导者实际转换角色时的痛点，值得一读！

杨国勇　振芯科技总经理

一个企业要想长远发展，必须要在各个层级及时寻找并不

断培养出优秀的管理者，《催化型领导力》开篇的"扎心三问"非常生动形象地揭示了管理者的首要挑战，"催化型领导者"及"影响力、角色力、管理力"三力模型更是让我们眼前一亮，豁然开朗。我们一直坚持践行徐老师授予的理论与方法，这极大地促进了公司各个团队业务能力的不断提升，助力了公司的快速成长。

徐老师现在终于将他倾注多年心血的《催化型领导力》一书付梓出版，对于深陷管理之痛，面临晋升转型挑战的领导者来说，这无异于绝渡逢舟、柳暗花明。

一本完美的
新晋领导者领导力养成手册

这本书终于跟读者见面了！这是徐立新先生的第一部专著，也是他二十多年来在领导力领域从事培训和咨询工作的心血之作，集中反映了他对领导力养成尤其是新晋领导者如何完成转型的系统性思考。在本书付梓之际，他希望我能写几句话，这对我来说当然是非常荣幸的事情。

我与徐立新先生是多年的老朋友，我们的相识缘于我应邀给费森尤斯卡比华瑞制药有限公司（Fresenius Kabi SSPC, 以下简称"费卡华瑞"）授课。费卡华瑞是中国和瑞典的合资企业，后来外方股东换成了德国企业。我给费卡华瑞授课时，徐立新先生正在该公司担任人力资源高管，我们一见如故，从此便一直保持着联系。

后来徐立新先生选择了专职培训师的道路，专门从事领导力的培训、咨询工作，先后给阿里巴巴、百度、可口可乐、国家开发银行等企业和机构提供过内训，辅导过数以万计的职业经理人。

专业的培训、咨询这条路并不好走，但徐立新先生既有深厚的理论素养，又有多年的企业管理经验，非常了解领导者在成长过程中会遇到的各种挑战，加上他兼具好学深思的个性、朴实谦和的品格，他的课程既接地气又有高度，每每在娓娓道来之中一针见血，直指人心，让人醍醐灌顶，所以在业界深受认可。我还专门向北京大学国家发展研究院BiMBA商学院企业培训项目推荐过他的课程，如今徐立新先生已经成为该项目中极受欢迎的金牌讲师之一，这也是让我很自豪的一件事情。

本书抓住了企业在人力资源管理和组织建设方面一个非常大的挑战，就是新晋领导者如何完成从优秀员工向称职领导者的转型。所有的称职领导者几乎都是从优秀员工成长而来的，但并非所有的优秀员工都能转型为称职领导者。此外，几乎所有的新晋领导者在晋升管理岗位之后都会遭遇转型之痛。其中，最关键的原因就是优秀员工和称职领导者的角色有根本性的区别。

杰克·韦尔奇（Jack Welch）在其著作《赢》（WINNING）中曾说过一句著名的话："在你成为领导者以前，成功只同自己的成长有关。当你成为领导者以后，成功都同别人的成长有关。"[1]打一个军事上的比方：突出的个人军事素养可以让你成为优秀的士兵，但如果你想成为好的军官，就必须善于指挥团队作战并取得胜利，而不能只是依靠自己单打独斗。同样的道理，企业的新晋领导者也必须把带领团队成长作为自身取得成功的关键。从个人贡献者到团队领导者，这是巨大的角色转变。从以个人为中心的成长模式转换为帮助他人成功的成长模式，是新晋领导者必须完成的转型。

应该说，这是难度很高的转型，且又是不能失败的转型。所以有专门的军校来帮助军队中的新晋军官提升指挥才能，即使是新任的班长，也要经过教导队的轮训。但令人遗憾的是，中国的大部分企业里，往往缺乏帮助新晋领导者实现成功转型的制度。

这就导致很多新晋领导者面临很大的困境：自身的角色发生了突然的变化，思维和认知却依然停留在过去。要想成为一名称职的领导者完全靠自己摸索，因此要走很多的弯路，犯很多的错误，经历很多的挫折。企业当然也要为此付出很高的成本。

如何帮助新晋领导者减少转型之痛，使他们尽快适应新角色，掌握新技能，顺利完成职业生涯的一次重大提升，从而为企业培养出新一代优秀领导者，成为企业在管理实践中普遍面临的挑战，也是很多企业亟须解决的问题。

---

1 杰克·韦尔奇：《赢》，余江、玉书译，中信出版社，2010，第 51 页。

徐立新先生长期从事与新晋领导者实现成功转型相关的培训工作，具有极其丰富的新晋领导者转型指导经验，先后成功帮助几千名新晋领导者顺利地完成了转型。在具备丰富实践经验的基础上，他围绕新晋领导者转型的切身之痛及背后的深层原因，以及新晋领导者转型必须具备的思维与技能，从新晋领导者所需回答的"扎心三问"出发，提炼出了帮助新晋领导者快速转型为催化型领导者（这一概念在本书第三章将重点讲述）的"三力模型"。本书就是作者围绕"扎心三问"和"三力模型"而做的系统性思考的成果。

新晋领导者一定要想明白，团队成员对自己作为一名新晋领导者的关键期待有哪些。在本书作者看来，员工对新晋领导者提出的问题主要包括三个，也就是所谓的"扎心三问"。

第一个："你是谁？"也就是你到底是不是一个可靠的人？

第二个："你要带我们去哪里？"也就是你是会带我们走偏路、走弯路，还是能把握方向，带领我们实现目标？

第三个："你怎么证明你能胜任？"也就是你能不能兑现你的承诺，帮助每个人成长，帮助团队提高工作成效？

本书作者认为，对这三个问题的回答，决定了员工是否会发自内心地追随新晋领导者，同时也是衡量新晋领导者角色认知能力、方向把控能力和培养员工能力的关键。新晋领导者一定要经常思考这三个问题，帮助自己厘清管理团队的思路。

所谓的"三力模型"，指的是要从三个方面提高新晋领导者的能力，即影响力、角色力、管理力。具备"三力"，是合格的新晋领导者区别于高潜员工之所在，也是新晋领导者能够胜任新角色的关键所在。

徐立新先生认为，"三力"分别由三个要素构成。影响力包括正直可靠、接受反馈、成为伯乐。这三要素给团队成员带来的分别是安全感、归属感、成就感。影响力解决的是"扎心三问"中的"你是谁"这个问题。

角色力包括团队视角、协同视角、企业视角。这三要素关注的分别是员工发展、信息共享、上下对齐。角色力解决的是"扎心三问"中的"你要带我们去哪里"这个问题。

管理力包括分配任务、有效辅导、反馈跟进。这三要素给团队成员带来的分别是有效指导、有效辅导、有效强化。管理力解决的是"扎心三问"中的"你怎么证明你能胜任"这个问题。

本书主体部分的"三力"模型，是徐立新先生帮助新晋领导者顺利完成转型的体系化的方法论，既给人以思维上的启发，又教人具体的实操方法。对于新晋领导者来说，掌握了本书中相关的理念与方法，就可以尽快渡过转型的阵痛期。对于已经完成转型的新晋领导者来说，本书也可以帮他们自我反思，从而进一步提升。

为了进一步引导新晋领导者在实践中理解和运用"三力"模型，本书收录了作者在培训、咨询过程中亲身经历的大量案例。此外，本书还针对性地介绍了大量实操性极强的方法：对于新晋领导者如何简单直接地布置工作任务，作者提供了非常实用的"T.E.N.D.C."流程；对于新晋领导者如何辅导团队成员完成任务或解决问题，作者也总结出了"说、教、练、赞、跟"五步流程。这些流程简单易懂，对于新晋领导者来说很容易上手操作。

总之，本书围绕新晋领导者的转型，从他们面临的挑战与困惑入手，以提供转型解决方案为重心，勾勒出了一幅清晰而实用的转型路线图，无虚语，无空言，无废话，很好地将理论、方法与案例结合在了一起，深入浅出又发人深省，真正做到了深者不觉其浅、浅者不觉其深，可谓一本完美的新晋领导者领导力养成手册。

我在此诚挚向读者朋友推荐此书！

官玉振

北京大学国家发展研究院管理学教授

北京大学国家发展研究院 BiMBA 商学院副院长兼 EMBA 学术主任

2024 年 10 月 18 日

推荐序 2

探索新晋领导者
胜任的本质，突破领导力困境

我和徐立新老师相识已经超过 10 年，迄今对第一次拜访徐老师的情景仍然印象深刻。当时他已经对所任职的费卡华瑞的人才发展战略有了明确的规划蓝图，之后执行和落地的成功更为企业的人才发展做出了非常大的贡献。从费卡华瑞后来的业绩成长及表现可以看出，高质量的人才和领导者的能力提升的确是企业持续发展的重要因素。

徐老师后来决定离开企业投身培训、咨询行业，将他在人才培养及领导力研究领域的经验、领悟和洞察分享给更多的人和企业。凡是接受过徐老师授课、咨询或辅导的学员及企业，相信一定都受益匪浅。如今，累积徐老师多年智慧的本书问世，相信也一定会给一心想成为卓越领导者的人带来更为系统的思考。

本书让我想到一个在领导者培养上最常见的遗憾：企业通

常会将更多的发展资源集中在中高层领导者身上，而对基层领导者的培养和发展投入的资源较少，但企业人才发展的成效其实和各层级的"均衡"投入息息相关，这在国内外很多针对成功企业的研究中都得到了证明。所以，当一名企业高层管理者抱怨无人可用时，往往要先检视企业在人才或者领导者的培养上是否有"层级偏科"现象。

我担任企业管理职务已经超过 20 年，对于新晋领导者面临的困境有一些自己的观察，这里列举我认为特别重要的 6 个困境。

1. 专业能力强或绩效好，但缺乏领导技能

基层员工晋升为领导常常与他们的专业能力强或者绩效好相关，但是专业能力强、能创造绩效与领导团队或领导他人所需要的能力并不相同。我很认同"企业文化理论之父"埃德加·沙因（Edgar H. Schein）博士所说的一句话：专业有时是你与他人最远的距离，是造成疏离的关键。一个人具备很强的专业能力可以令人信服，但这与他能成为合格的领导者没有直接的关系。

2. 凡事亲力亲为，忽略他人和团队的力量

新晋领导者往往对过去的工作熟门熟路，很容易直接干预团队成员的工作，他们会认为"反正我自己做比我教人快

得多"。这种"炫技"心思往往会抑制团队产生更大的能量和效益。

3. 缺乏作为领导者的思想意识

我很喜欢问我所带领的学员一句话："作为一个领导者应该具备什么样的思想意识？"通常一开始几乎没人能答得上来，越年轻的新晋领导者越是如此。也就是说，很多新晋领导者并不知道自己为什么要做领导者，也不知道担任领导者对自己、他人、企业有什么意义和价值。所以，我通常会反复问他们这个问题，直到对方真的有所思考和洞见为止。

4. 不懂向上沟通，习惯后台运作

很多新晋领导者缺乏和上级的沟通能力，或者对自己的沟通成效缺乏信心，因此喜欢通过利益相关方或比较熟悉的人去影响老板，他们自认为"人多力量大"。其实这种方法用多了，效果会递减。说得更明白点儿，在老板心中，你就是不懂得向上沟通。因此，新晋领导者要自觉培养自己的影响力和向上沟通的能力。

5. 有能力，但没有意愿或耐心培养人

通常情况下，能力越强、脑子越聪明的人，越喜欢和自己同水平的人一起工作，若身边没有这样的人，他们就会抱怨连

连。很多能力很强的领导者也会如此抱怨，但实际情况往往不是团队没有人才，而是领导者缺乏发展人才的意愿和耐心。如此看来，"发展人才"绝对是领导者不可或缺的工作及能力。

6. 接受反馈难，给予反馈更难

回想刚担任领导者时的种种情形，我对于接受反馈和给予反馈的情形只能用"不太会"来总结。这几年来通过对领导者的观察，我认为"接受反馈和给予反馈"是一项不太容易学会的技能，需要持续、反复地学习。因为"接受反馈和给予反馈"对于领导者而言是极其重要的，它关乎领导力的提升以及人才培养的成效。

以上 6 个新晋领导者可能会面临的困境几乎可以全部被涵盖在本书所提到的新晋领导者的三个挑战中：自我认知的挑战、工作计划的挑战、管理技能的挑战。

以上 6 个困境中，我认为具备"领导者的思想意识"对于一个新晋领导者来说至关重要。假如你刚担任领导者，我建议你尽快思考领导者胜任的本质，这会是一个你需要长久思考的问题。本书第一部分第二章涉及的"扎心三问"以及第三章提出的"三力"模型，则完全可以协助你建构起领导者思想意识。

其余 5 个困境要如何突破？读者可以从本书第二部分

"'三力'模型之影响力"、第三部分"'三力'模型之角色力"以及第四部分"'三力'模型之管理力"学习到有用的方法。

我非常荣幸有机会参与到徐老师的新书出版中，也极其佩服徐老师对国内领导力研究做出的卓越贡献。本书绝对值得新晋领导者或者想提升领导力的其他领导者仔细阅读，它将会为您提供有益的思考，全方位提升您的领导力。

朱彦昌

普智万方咨询创始人、首席执行官

智睿企业咨询（DDI）华北分公司前董事总经理

2024 年 10 月 26 日

新晋领导者的转型之痛

　　人的一生中会经历很多次角色转换，而每一次角色转换都可能带来巨大的风险和挑战。

　　职位升迁、跻身管理层是多数职场人的职业发展目标，从普通职员到管理者的身份转变也被职场人看作职业理想和自我价值实现的必经阶段。但在现实中，不少新晋领导者不得不面对的却是工作了一段时间后的茫然、倦怠；还有些人在面临晋升机会时却犹豫了，甚至直接选择了放弃。是什么原因导致了以上情况发生呢？其中最重要的原因就是他们面对角色转换带来的挑战有些不知所措。职场升迁、步入婚姻、为人父母、健康出状况、离婚、亲人去世等，这些遭际带来的改变之所以称为挑战，是因为角色转换后当事人面对人和事的角度有所不同。所有这些由角色转换带来的挑战，笔者都称之为转型之痛。

那么在职场中，哪些挑战会影响新晋领导者顺利胜任新角色呢？不可否认他们面临的挑战是多种多样的，但笔者认为以下三个方面相对突出一些。

自我认知的挑战

新晋领导者顺利实现角色转换的关键是对新角色的正确认知。很多新晋领导者总是理想化地认为，自己原来是一名优秀员工，现在自然而然也会是称职的领导者。这种认知会导致他们上任后拼命想要证明自己的能力，不信任团队成员，对他人意见产生防卫心理，甚至会在某些方面因过于强势而显得咄咄逼人。这种管理方式会造成团队成员在工作中缺乏安全感、归属感和成就感。

工作计划的挑战

有些新晋领导者上任后，工作方式还是跟之前一样"来了什么就做什么"，这样会造成他们的时间很容易变成"别人的时间"。从他们的工作情形看，每个人都可以随时来找他们，使他们不能按照原有思路来工作，自己计划要做的事情往往需让位于"他人的事情"，结果就是新晋领导者经常穷于应付各种琐碎的事情。这不仅会浪费他们的时间和精力，久而久之还会让他们陷入马不停蹄做小事，完不成要事，忙碌却又忙不到"点"上的困境。

管理技能的挑战

我们发现，一些新晋领导者在与团队成员的互动中缺乏管理技能：一方面是无法清晰明确地布置工作；另一方面是在团队成员遇到问题时不能进行有效指导，而在团队成员取得进步时又不能及时表扬、鼓励。

同时，还有一些新晋领导者会顾忌与晋升前的老同事之间的关系。在他们当中，有的是不想影响友情，不想伤害别人的感情；有的是担心会遭人厌恶，背后受人议论。所以在安排工作时，他们会碍于情面或者不愿意面对人际冲突，最终造成计划执行不到位；甚至在团队成员出现不当行为或者团队成员之间发生矛盾时，他们不能展现出一名领导者应有的责任担当。这种管理方式起不到"传、帮、带"的作用，会造成团队成员成长缓慢，自然很难达成团队目标。

以上这三大挑战影响着大多数正处于第一个职业生涯转型期的新晋领导者。如果不能有意识地接受角色转换和新技能培养训练，那么他们将很难适应后续的团队领导工作。在二十多年的职业发展培训、咨询生涯中，笔者发现有这种困扰的新晋领导者比比皆是。同时他们的上级主管也会因为新人未达到预期的晋升效果而受到牵连，同样承受着这种"转型之痛"。

笔者曾经访谈过国内某个大集团的董事长，他跟笔者讲到他对新晋领导者角色转变的困惑：每年跟新晋升的领导者开座谈会时，他都会提出同一个问题："你们晋升后的这一年有什么收获？"大多数新晋领导者都会强调自己在这一年中如何独当一面、在公司的某某项目中做出了什么贡献等。每当听到这些回答时，这位董事长就会感到困惑，因为公司不是希望他们单枪匹马完成工作，而是希望他们能带出一支优秀的队伍。所以他非常想知道的是，在过去的一年里，这些领导者是怎样培养、发展团队成员的。然而，他几乎得不到自己所期待的答案。

依照笔者的经验，这些新晋领导者上级出现的困惑通常如下。

（1）把同样的人、财、物等资源交给不同的新晋领导者，为什么工作成效会相去甚远？

（2）新晋领导者知道影响员工有效工作的关键因素是什么吗？

（3）为什么新晋领导者在很多时候会做一些无效甚至毫无意义的工作？

这些困惑的出现，说明企业在提拔优秀员工成为团队领导者时会有风险。企业需要帮助新晋领导者快速做到转换角色以及提升基本领导技能，让他们为企业做出应有的贡献，不然企业会失去一名优秀员工，同时得到一名不称职的领导者。

托马斯·弗里德曼（Thomas L. Friedman）在《世界是平的》（*The World Is Flat*）一书中指出，当今世界变化的速度已与过去不同，每当人类文明经历一次颠覆性的技术革命，都会给这个世界带来深刻的变化。过去数年，很多遭受失败的高科技公司给我们敲响了警钟：很多公司现在面对着无法回避甚至无法预测的挑战，而且其领导者也缺乏应对这些挑战所必需的领导力、灵活性和想象力。不是因为这些公司没有意识到这些问题，也不是因为它们的领导者不够精明，而是因为变化的速度超出了他们的应对能力。

作为企业的新晋领导者，要意识到职位升迁的背后是要求他们在成为领导者的那一刻能迅速应对变化，要快速从以个人为中心的成长模式转换到帮助他人成功的成长模式。下面我们不妨做个自我评估。

现在请回想一下：你第一次接受（或想接受）领导者工作时，吸引你的是什么？对于职业生涯，你觉得这次晋升意味着什么？诚实地问问自己：驱动你成为领导者的真正原因是什么？据全球著名的咨询公司智睿企业咨询一项叫作"发现第一梯队"的研究，很多人成为领导者的原因及其占比如表1所示。

表1　新晋领导者的晋升原因及其占比

成为领导者的原因	占　比
受到雇用，成为领导者	33%
奖励技术专长，成为领导者	20%

续表

成为领导者的原因	占 比
他人认为我是天生的领导者	12%
没有其他人愿意做这份工作	11%
因组织内部发展而受提拔，成为领导者	11%
主动自荐	9%
出于教育背景（如 MBA），成为领导者	4%

那么，出于哪种原因晋升的新晋领导者能更快速地适应新角色呢？

事实证明，自己选择成为领导者的人（表1中"主动自荐"者）更能胜任新角色，这就意味着只有9%的新晋领导者真正做好了应对前面所说挑战的准备。

美国通用电气（General Electric）前 CEO 杰克·韦尔奇在其著作《商业的本质》（*The Real-Life MBA*）中指出，商业活动归根结底是一项团队活动，必须依靠团队的力量。商业活动是以组织的形式完成的，所以不能依靠某个人的一己之力，而是要依靠团队的群策群力，集合所有的想法、建议和行动才能完成。绝大多数企业面临的一个挑战在于如何快速地让新晋领导者发挥真正的作用。

美国著名的管理学学者罗伯特·卡茨（Robert L. Katz）认为，一个有效的管理者应当具备三种基本技能，即技术技能

（专业维度）、人际技能（多维度协调）、概念技能（战略、文化等维度）。如果把领导者分为低、中、高三个层次，那么低层管理者更多需要的是技术技能，中层管理者需要的是人际技能，而高层管理者需要的是概念技能。[1]

那么，新晋领导者如何才能快速适应新角色的要求，减少转型之痛呢？

本书将从新晋领导者转型时面临的挑战情境出发，提炼出催化型领导者的三大维度、12 项基本领导技能，帮助企业中刚刚或即将晋升的团队领导者快速度过从单打独斗到领导他人的适应期，减轻转型之痛。

本书所讲的主要内容，是根据笔者在企业甲方或乙方的工作经历和实践，以及笔者二十多年职业发展培训中成功转型的几千名新晋领导者的优秀案例凝结而成的。笔者希望本书能成为一本工作手册，可供读者朋友尤其是企业的新晋领导者把它放在身边随时翻看。相信你一定会从中获益，顺利迈上领导之路。

1　罗伯特·卡茨：《高效管理者的三大技能》，原载 1955 年《哈佛商业评论》1/2 月刊，第 33—42 页。

第一部分

新晋领导者转型之痛及"三力"模型

唐代著名思想家、文学家、教育家韩愈（768—824）在《与李翱书》中写道："如痛定之人，思当痛之时。"这句话在一定程度上也揭示了人的成长模式——"No Pain No Gain"，即没有经历痛苦就不会有成长。新晋领导者在未来的职业发展道路上会经历很多磨难，而首先要面对的就是转型之痛。管理学家拉姆·查兰（Ram Charan）在其著作《领导梯队》（*The Leadership Pipeline*）中也提到，从基层员工到企业首席执行官必须经历 6 次蜕变。其中第一次蜕变——从管理自我到管理他人，是非常有挑战性的。[1]

本书前言已经提过，新晋领导者转型时会遇到各种挑战，其背后的主要原因有：新晋领导者忽略了与团队成员沟通的重要性，不愿意花时间倾听他们的意见；新晋领导者依旧按照以往的工作套路完成任务；新晋领导者在团队成员遇到困难时，直接帮助他们完成工作，而不是辅导他们如何去做。所以，新晋领导者真正需要转变的是思维认知，具体来说就是：他们必须把通过他人

1　拉姆·查兰、斯蒂芬·德罗特、詹姆斯·诺埃尔等：《领导梯队》，徐中等译，机械工业出版社，2011，第 16 页。

完成任务作为团队取得成功的关键。

在第一章，我们先来分析新晋领导者初期会面临哪些转型之痛。在第二章，我们会进一步分析这些转型之痛背后真正的原因，即团队成员对一名新晋领导者的三个关键期待，笔者将其命名为"扎心三问"。在第三章，我们将初步介绍什么是催化型领导者（新晋领导者需要确立的转型目标）及"三力"模型。

第一章

新晋领导者的困惑

很多人可能会认为刚受到提拔的新晋领导者是这样的：意气风发、踌躇满志、自信满满。

笔者接触过不少领导者，他们性格各异、能力不同。在这个群体中，第一次履行领导职能的人不在少数。笔者发现，绝大多数人升职初期并没有表现出对事业成功的喜悦，反而会发出类似"理想很丰满，现实很骨感"的无奈感叹，甚至对未来的职业生涯发展充满疑惑。

的确，大多数新晋领导者在获得个人事业上的初步成功后，通常都会对未来的职业生涯满怀憧憬——一方面希望团队在自己的带领下，取得令人满意的工作成绩；另一方面希望自己能够在团队管理工作中得到锻炼，获得上司和团队成员的认可，成长为一名优秀的领导者。但是渐渐地，他们就会发现，团队管理远没有想象中那么容易。随着管理情境的日益复杂，他们的困惑也越来越多：为什么我原来做得很好的工作，交给团队成员就没法完成得一样好？为什么团队里的大小问题团队成员都要跑来问我？有些问题他们为什么就不能自行解决呢？为什么我忙得要死，团队成员却没事可做？为什么当上领导后，我工作压力变大了却仍没有取得应有的成绩，而以前的工作我能轻松胜任且业绩又好？……新晋领导者的困惑也会引发其上级领导的疑问：以前的得力干将当了管理者之后，虽然依旧任劳任怨，但却没有产生"一带多"的效应，没有带领团队在取得更好工作成绩的同时提升自己，难道是提拔的时候看错人了吗？

下面，我们就一起来看一下新晋领导者在团队管理中一般会面临哪些困惑，并分析其中的原因。

我行，我的团队成员为什么不行？

在对企业的新晋领导者进行有关提升领导技能的培训时，笔者通常会做课前调研——你当前有哪些困惑？笔者发现，至少有80％的学员都会写上类似"我行，我的团队成员为什么不行？"这一条。他们有的会说："我自己去解决一个问题会很轻松，但是交给团队成员去做就会非常费劲儿，我自认为已经和他们沟通得很清楚了，但最后实际完成的效果却不甚理想。"还有的会说："在我布置完工作后，团队成员工作拖沓，完成质量不高，有时候他们甚至会把问题再甩回给我解决。"

下面是一位在著名互联网企业工作的新晋领导者凯石（化名）在成为主管后半年间所遇到的问题。

半年前，凯石被提拔为团队主管，开始了事业发展的第一个转型期——从个人单打独斗到管理他人。在做主管之前，凯石是公司公认的能力非常出众的工程师，是部门内解决"疑难杂症"的一把好手。他的专业技能非常突出，所以在内部提拔部门主管的时候，他顺理成章地成了领导的首选，获得了升职。作为一名新晋主管，凯石遇到问题的第一反应是亲力亲为，能自己找出解决方案的一定亲自解决，不让团队成员过多参与。但是不久之后，凯石团队中的一名核心成员很坚决地提出了离职申请；仅仅隔了两个月，又有两名成员离职了。虽然团队中出现了多位员工辞职这样严重的问题，但凯石却毫不在意，而且认为自己是跟一群"猪队友"一起工作，如果不是自己能力强，部门这么多工作任务根本就完不成！

进入公司后的 7 年里，作为一名一线工程师，凯石的工作习惯始终是亲力亲为，他喜欢并且享受这种发现问题并迅速解决问题的工作方式。但如今，他成了部门主管，很多工作是需要分配给团队成员来完成的。在给团队成员分配任务前，他潜意识里总会有"团队成员不一定能做好这个工作，为了保证进度和质量还是我自己做吧"的想法，于是分配下去的工作任务往往很基础，没有什么含金量。这导致团队成员日常往往只是做一些简单的事情，学不到东西，得不到锻炼，工作技能提升慢，久而久之便产生了倦怠心理。凯石这种安排工作任务的方式让团队成员感到很压抑，随着工作的不断开展，这种情况发生得越来越频繁，团队的稳定性因此受到了很大的挑战。

与凯石沟通时，笔者能明显感受到他作为一名新晋领导者，内心已经没有当初的踌躇满志，而是充满了疑惑和挫败感。

上级主管找凯石谈了一次话，表示了对凯石团队现状的担忧。之后，凯石的脑海中就不断重复着一个声音：当领导还不如做一个自己管好自己就可以的普通员工舒服自在，现在自己身累心也累，相比于以前的工作，自己花费了更多的时间和精力，反而达不到令人满意的效果……

可能很多新晋领导者都有过与凯石类似的经历，也都非常想尽快进入"领导者"这一角色，带领团队高效完成各项工作任务，但是他们的潜意识中又会产生这样的想法：团队成员工作能力不行，在面对具体的工作时，他们肯定不能像自己一样完成得很好。

回顾接触过的新晋领导者，笔者发现他们很多人都采用了一种很典型的工作方式：出于急于证明自己能力的目的，他们对团队成员的任何工作都想干预。他们总认为自己的方法是最有效的，不信任团队成员能很好地完成工作。凯石就是这样想的，也是这样做的。他过去作为普通员工养成的工作习惯就是主动想办法解决问题，通过实现一个又一个目标，不断得到上级的认可。晋升主管之后，他理所当然地认为，团队成员就应该按照自己以前的方法去解决这些问题，他甚至想要像复印机一样把团队成员复制成另外的自己。可想而知，团队成员在他手下工作是什么样的感受和状态。

我很累，怎么成效却不明显？

我们再来看看一家著名地产公司的新晋主管李昂（化名）的困惑。

李昂刚晋升为公司主管的时候，把这次升职看成是一个机会——既可以提升自己的能力，同时也能让自己在公司里有更大的影响力。他相信，站在更高的位置上，一定能创造出更好的成绩。但李昂却很快发现，自从当上主管后，自己付出的努力与得到的回报总是不成正比。

作为一名管理着 8 名团队成员的主管，在日常工作中，李昂除了要向上级汇报工作、与其他部门沟通协调以外，还需要花费大量的时间来管理团队。团队任何一名成员都可能因为各种各样的事情来找他，他也只能停下手头的工作，花时间来听团队成员的汇报，并帮助他们解决难题，导致自己制订好的工作计划总被打乱，这让李昂产生了一种自己的时间好像不再属于自己的感觉。一段时间后，李昂不仅对无法掌控自己的时间感到难受，同时对错综复杂的工作以及与各部门之间的沟通协调也很不适应，原先作为普通员工的自由感、成就感已经荡然无存。

晋升为主管后，李昂在工作中投入了更多的时间和精力，但发现辛苦付出并没有换来对应的成绩，这让他很有挫败感。究其原因，作为普通员工时，李昂工作任务比较明确，只要多努力就会有成效；而现在身为领导者，他要面对上级的、跨部门的、团队成员的等各个维度的信息，各种不同的信息交织在一起，让他每天都处于疲于应付的状态，总是被事情推着走，不能主动掌控自己的时间。

1. 没精力培养团队成员

笔者在给一家快速发展的高科技企业提供咨询服务时，该企业的人力资源经理给笔者讲了一个发生在他们企业的案例。

他以前有一个叫张帆（化名）的同事，晋升为主管后，由于很多工作进展不顺利，很长时间都在痛苦中挣扎。而张帆的团队成员也同样如此，因为他们在渴望得到新领导对自己的工作进行指导时，张帆并没有给予他们有力的支持。虽然张帆知道某些团队成员的工作方式不太妥当，但是他作为一名团队领导者，在工作中既要开各种会、写大量的书面报告，还要参与招聘、面试、协调各部门等工作，这些导致他很难有时间和精力有效地培养团队成员，致使部门内部频繁出现各种问题。

久而久之，他对团队成员的指导越来越少，最后干脆置之不理。更让人遗憾的是，张帆逐渐对成为一名称职的领导者失去了信心，后来直接辞去了主管职务，进入另一家公司重新做了一名普通员工。

我们不难看出，是培养团队成员的技能不足导致张帆在原来的公司待不下去。除了他本人会有挫败感，这家企业也失去了一名优秀的员工。

2. 上级交代的任务，是不是每一件都要亲力亲为？

很多刚得到晋升的一线领导者每天都非常忙碌，因为他们要时刻关注上级领导交代给自己的那些任务。他们埋头工作，希望大事小事自己一件都不错过，以便每一项工作都能够给上级领导交一份满意的答卷。这样的工作思维和习惯在他们作为普通员工时是正确的，但现在作为一名领导者，他们所要关注的重点显然已经与普通员工不同。如果对领导交代的每一件事情都亲力亲为，会让他们陷入琐碎的具体事务中无法自拔，有限的精力被分散，在一些不该花费过多精力的任务上浪费精力，对应该重视的重点工作却又关注不够。这种事必躬亲的工作作风，不仅不能抓住重点工作，反而会使自己的辛苦付出难以得到上级领导的认可。

出现这种问题的原因主要来自两个方面：一是新晋领导者的全局意识不够强，他们"只见树木不见森林"。如今所有企业都处在VUCA时代[1]，企业目标会因为外界环境不断变化而改变，这就特别考验新晋领导者与上级对齐目标的意识和能力。二是新晋领导者的授权意识和技能不足，他们大包大揽，不能信任团队成员和利用团队的力量。所以，学会授权给不同团队成员让他们执行不同任务，也是新晋领导者亟须提高的领导技能。

3. 怎么让团队成员愿意接受工作安排？

新晋领导者在晋升之前只要完成上级安排的工作即可，而现在要将上级的工作安排给不同的团队成员，即使遇到团队成员不理解，也要按时按量地完成工作任务。那么，新晋领导者就应该明白如何有效地安排工作，如何消除团队成员对工作的不良感受，使他们积极地面对工作。良好的工作安排可以让员工感到他们在从事有价值的工作，自己的专长得以发挥、能力得以提升、职业发展更有前景。

遗憾的是，许多新晋领导者由于没有掌握有效安排工作的能力，结果在安排工作时摔了跟头。只有通过有效沟通，新晋领导者才能很好地理解部门的工作要求，合理地给员工布置工

1　VUCA 时代：V 指"不稳定"（Volatile），U 指"不确定"（Uncertain），C 指"复杂"（Complex），A 指"模糊"（Ambiguous）。VUCA 时代意为一种充满不确定性的复杂、模糊的时代。

作，使得人岗匹配，工作得以及时、高效地完成。

4. 面对老员工，究竟是该管还是不该管？

团队里总会有一些资历比较深又不容易管理的老员工，如何管理好他们，对任何一名团队领导者来说都是一道难题。由于很多新晋领导者的人际关系处理能力还不够强，所以在面对这类老员工时，总是不知道该如何是好。如果严格管理，这些老员工会认为新晋领导者是在摆谱，当了领导就忘了自己是谁；如果放任不管，这些老员工就会破坏团队的工作氛围，影响整体工作成绩。

如何管理好这些老员工，在团队里将工作与人有机结合起来，也是需要新晋领导者解决的问题。

5. 团队成员之间发生矛盾，该怎么处理？

任何一个团队，无论大小，都会有矛盾存在。新晋领导者在管理团队时，也不可避免地会遇到团队成员之间发生矛盾的情况。作为一名领导者，这时就要将不同意见融合为有价值的"第三方案"。反之，如果采取听之任之的态度，团队内一旦形成不同的小团伙，将极大地削弱团队的整体能量。

记得曾有一位某大型企业人力资源部的负责人跟笔者讲，很多新晋领导者会对其团队成员之间的矛盾视而不见，全都推给人力资源部门来处理；更有甚者，不少资深领导者的处理方式也如出一辙。

那么，新晋领导者为什么不愿意积极采取行动化解团队内部矛盾呢？如何提高个人在团队中的威信及影响力，又是新晋领导者的一大挑战。

新晋领导者在转型初期或多或少都会遇到一些问题，也很可能会产生类似上文提及的那些困惑。那么，遇到这些问题与产生困惑的原因是什么？有些问题与困惑是不是随着时间的推移会迎刃而解？时间解决不了的问题有没有其他的解决办法？想必很多新晋领导者都迫切想知道这些问题的答案。

在这里，笔者想先提醒各位新晋领导者的是，从成为领导者的那一天起，你的职业生涯就发生了巨大改变，这可不是调整工作内容那么简单，而是意味着要面临跟之前完全不一样的挑战，工作评价体系也有很大不同。在工作思维上，要从自己好好工作交结果转变为驱动别人工作拿结果。所以作为一名领导者，你需要清楚地认识到：要借助他人之力完成工作，而不是凡事亲力亲为；要处理比之前更为复杂的工作事务，而不是单向接受上级指令；要处理相对复杂的动态人际关系，而不只是简单的同事关系；工作不顺利时，要心平气和地控制局面，而不能只关注自己的情绪和感受。

智睿企业咨询面向全球领导者发布的《2021 全球领导力展望》调研报告显示：对任何一级的领导者而言，角色转换都让他们感受到了重重压力。在角色转换过程中，他们必须经历明显的工作复杂度的改变、工作环境中人员的变化，以及对有效的人脉网络的需求。很多新晋领导者在晋升前往往扮演的是个人贡献者的角色，首次迈上领导者之路，这些改变自然会给他们带来巨大的压力。

所以，要想顺利实现角色转换，成为一名合格的领导者，新晋领导者必须学会改变原有的工作方式，而这与许多人在成为领导者前所想象的状况大不相同。

那么，如何系统地帮助新晋领导者从转变思维认知到提高领导技巧，平稳地走好领导之路呢？这就需要新晋领导者从人与人之间最根本的关系开始探索，逐步建立起一套相对完善的管理体系。

据说古希腊哲学家柏拉图有一个终极三问："我是谁？我从哪里来？我要到哪里去？"由此引发了一系列人人都在探求答案的形而上的问题。一言以蔽之，这三问问的就是人生的终极意义究竟是什么。

同样，新晋领导者要想顺利实现角色转变，领导好团队，成长为合格的领导者，也需要回答团队成员向他们提出的三个问题——你是谁？你要带我们去哪里？你怎么证明你能胜任？我将这三问称为"扎心三问"。新晋领导者对这三个问题的回答，会影响员工能否发自内心地追随自己，同时也能反映出新晋领导者对自我角色的认知、对工作方向的规划，以及对团队的管理能力。下面我们就来具体探讨一下这三个问题。

扎心第一问：你是谁？ 员工想要了解自己的领导者到底是一个怎样的人，未来会不会带领他们走向成功。这一问反映了员工对领导者人品及工作动机的关注。

扎心第二问：你要带我们去哪里？ 员工进入企业工作都是希望能得到切切实实的利益的，所以他们需要领导者来明确工作重点，并通过不断实现工作目标获得相应的报酬。这一问反映了员工对领导者工作方向规划能力的关注。

扎心第三问：你怎么证明你能胜任？ 在团队工作中，领导者能否履行承诺，能否领导团队成员发挥和提高个人能力，能否帮助团队提高工作成效，对员工来说至关重要。这一问反映了员工对领导者团队管理能力的关注。

上面三问是如何做好领导者的三个要点，是不管领导者到了哪个级别都避不开、贯穿领导者职业生涯始终的问题。

新晋领导者的管理职位通常是由上级授予的，一开始，对于新晋领导者来说，他只是获得了一个头衔，却未必能让团队成员发自内心地认同。硅谷"万亿美元教练"比尔·坎贝尔（Bill Campbell，1940—2016）常常引用苹果公司前人力资源主管黛比·碧昂多利洛（Debbie Biondolillo）的话："你的头衔可以让你成为管理者，但让你成为领导者的，是你的员工。"因此，新晋领导者只有想方设法取得团队成员的真心拥护和追随，才能从根本上成为一名真正的领导者。

　　总之，新晋领导者要想解决晋升以后遇到的问题与困惑，关键是要能够清晰明确地回答好员工的"扎心三问"。

　　那么，我们该如何进一步理解和回答"扎心三问"呢？在接下来的章节，我们会具体展开探讨。

> **本章重点** <

员工们是否愿意追随一位新晋领导者，关键在于这位新晋领导者如何回答员工们的"扎心三问"——你是谁？你要带我们去哪里？你怎么证明你能胜任？

"头衔让你成为管理者，但让你成为领导者的，是你的员工。"

自我练习

1. 作为新晋领导者，你是否经历过表 2 中所列举的困惑？根据你的实际情况填写表 2。如果你还经历过表 2 中未列出的其他困惑，也可以自行补充到表格最后两行中。

表 2　有关新晋领导者困惑的调查问卷

新晋领导者的困惑	是否经历过	原因是什么	有无应对方案
我能干好的活，为什么团队成员总是干不好？			
我每天工作很辛苦，为什么团队的业绩始终没有提升？			
当上领导后，我不仅没有轻松下来，压力怎么反而越来越大了？			
上级领导交代的任务，是不是我都要一一亲自去做？			
如何让团队成员接受工作安排？			
我的能力这么强，为什么我带的团队这么差劲？			

续表

新晋领导者的困惑	是否经历过	原因是什么	有无应对方案
团队中那些资历很深的老员工，我究竟该管还是不该管？			
当我团队里的成员发生矛盾时，我该怎么处理？			

2. 作为新晋领导者，根据你自己的工作情况，对表 3 中的 10 项内容进行自我评估并打分。（评分说明：1 分为强烈反对，2 分为反对，3 分为不确定，4 分为赞同，5 分为非常赞同）

表 3　自我评估表

评估内容	评　分				
在工作中能恰当地表露自己的想法和感受	1	2	3	4	5
能兑现自己的承诺	1	2	3	4	5

续表

评估内容	评 分				
能承认自己的错误	1	2	3	4	5
分配工作时，能将团队成员的能力和兴趣考虑在内	1	2	3	4	5
让团队成员参与讨论，共同提出解决方案	1	2	3	4	5
根据反馈采取行动不断改进	1	2	3	4	5
鼓励团队成员讨论团队绩效	1	2	3	4	5
不管之前的关系如何，在工作中对每一名团队成员一视同仁	1	2	3	4	5
让团队成员了解他们的每项工作是如何融入团队整体目标的	1	2	3	4	5
努力搞好本团队与其他团队的关系	1	2	3	4	5

第二章

新晋领导者面临的"扎心三问"

上一章我们提到新晋领导者要想解决转型之痛，就要回答好团队成员的"扎心三问"：你是谁？你要带我们去哪里？你怎么证明你能胜任？本章将重点讨论新晋领导者如何回答好这三个问题，从而让团队成员心甘情愿追随自己。

人类进化至今，大脑能够对外界环境的不同信号做出迅速反应，并激发出各种情绪和行为来趋利避害，比如安全感、归属感、成就感等。提出"团队心理安全感"这一概念的哈佛商学院教授艾米·埃德蒙森（Amy Edmondson）曾说："作为人类，我们非常善于解读信号，对于人际现象格外留心。我们的大脑中有一个位置总是担心别人对自己的看法。"

其实不仅仅是在正式的团队中，即便是在一个临时组建的团队中，人们也会极力搜寻能让自己产生安全感、归属感、成就感的信号。这些信号一旦确定，他们就会积极投入创造性的活动中。这些信号也就是前文提到的"扎心三问"的答案。

为了进一步理解"扎心三问"，我们举一个生活中的例子。跟团出去旅游，导游和游客就临时组成了一个团队。导游作为这个临时团队的领导者，需要明确地回答游客心中的这三个问题，这样才能保证旅游活动顺利进行。首先，"你是谁"要求导游向游客表明自己是一个值得信赖的人，是能帮助他们实现愉快旅游目的的人，且能保证每一名游客的安全，维护他们的利益。其次，"你要带我们去哪里"要求导游清楚了解本次旅行的目的地，并且有清晰详细的行程安排，让游客知道自己将要游览哪些景点，以及参观的顺序和时间。同时，如果一些突发情况导致行程需要调整，导游应该与游客做好沟通工作，避免游客产生不满情绪。最后，"你怎么证明你能胜任"要求导游向游客展示出自己作为导游的专业能力，是否对旅途中的每个景点都了如指掌、能否随时掌握游客动态、能否及时有效地解答游客提出的问题、是否具备处理突发事件的能力、能否积极接受游客的真实评价等。总之，一名称职的导游要能够清晰地回答好游客的"扎心三问"，这样才能保证旅行顺利，让游客满意。

人都有趋利避害的本能，团队成员通常希望从新晋领导者带领的团队中获得安全感、归属感和成就感。基于此，他们内心就产生了"扎心三问"。而这三个问题的答案将会直接影响到他们的工作情绪，也将决定着他们在团队中的工作态度。可以说,"扎心三问"在本质上反映了团队成员的情绪需求。虽然通常情况下团队成员不会直接向新晋领导者提出这三个问题,但是他们期望领导者能够通过直接或者间接的方式给出答案,最主要的判断依据就是领导者在日常工作中的言谈举止。

一个能够清楚干脆地回答好这三个问题的新晋领导者可以激发团队成员的潜力,促使团队成员形成"我是这个团队中重要的一员"的认知,进而使团队成员安心跟随自己,全心全意地投入到团队工作中。

你是谁?

"你是谁"是团队成员对新晋领导者"扎心三问"的第一问。作为团队成员,首先关心的就是自己团队的领导是怎样的一个人,会给自己带来怎样的感受。

世界各地的团队领导者正面临前所未有的挑战,这在全球范围内造成了焦虑和不确定性。盖洛普咨询公司(Gallup)在畅销书《现在,发现你的领导力优势》(*Strengths Based Leadership*)中,依据多年的研究总结得出:信任、同情、稳定和希望,是员工对领导者最迫切的需求。

根据马斯洛需求层次理论(Maslow's Hierarchy of Needs),归属感可以帮助一个人在群体里创造更多积极的连接行为,它的功能就是回答闪现在人类大脑中那些古老而永恒的问题:我与这些人在一起会发生什么？有任何潜藏的危险吗？我们能够互相照顾吗？归属感看似是自内而外发生的，实际上是自外而内刺激出来的。团队成员会通过各种途径来直接或间接地向新晋领导者获得"你是谁"这个问题的答案：自己的领导是一个正直可靠的人，还是一个居心叵测的人？是一个虚心接受他人意见的人，还是一个一意孤行的人？是一个敢于承担责任的人，还是一个喜欢推诿自保的人？是一个愿意成就员工的人，还是一个不愿意成就员工的人？人的生存需求得到满足后，接下来就是考虑自我的发展，所以团队成员还会考虑领导者能否帮助自己成长，满足自己更高的需求。这就要求新晋领导者在满足团队成员获得安全感等生存需求外，还必须帮助他们成长，让他们有工作的成就感。

作为新晋领导者，最好可以通过自己的语言、行动等来回答员工这个问题。如果答案是正面的，即领导者是一个正直可靠、从谏如流、勇于担当、愿意成就他人的人，那么在其团队中，成员就能够产生安全感，并在工作中倾尽全力；如果答案是反面的，则领导者居心叵测、一意孤行、毫无担当却又掌控欲强，团队成员内心自然会充满不安，因为他们不知道自己未来会怎样发展，于是只能得过且过，更不愿为团队的利益承担任何风险。摧毁安全感容易，建立安全感难，因此新晋领导者在回答团队成员的问题时不能敷衍了事，而要真诚且慎重。

同时，团队成员也会在长期的工作中持续地从新晋领导者身上获取关于"你是谁"这个问题的答案。只有源源不断地获取到正面信号，他们才能拥有持续的安全感，才能在团队工作中没有后顾之忧。

你要带我们去哪里？

在团队里，正直可靠、从谏如流、敢于担当、愿意成就他人的新晋领导者固然是好的领导者，但是领导者仅仅有良好的人品还不足以带动员工，因为除了想知晓"你是谁"，团队成员还希望看到领导者对团队未来前景的清晰考量，从而实现目标，有所成就。于是，他们向领导者提出了第二个问题："你要带我们去哪里？"

这是团队成员对新晋领导者"扎心三问"的第二问，这个问题关乎团队发展的方向和未来。就像网约车一样，领导者是团队这辆车的驾驶员，团队成员是乘客。他们坐在车上，除了在意司机的人品（是稳健的还是暴躁的？是规矩行事的还是会绕路的？），还关心司机会带他们去哪里。如果司机不断改变方向又不跟乘客沟通，而且无法顺利抵达目的地，那么乘客就会有情绪，甚至想要马上下车。

所以，第二个问题本质上反映了团队成员对新晋领导者决断力的期待或担忧。团队成员一般都害怕领导者的想法变来变去，有时甚至是前一句刚说完，下一句就变了。领导者想法的每一次变化都会让团队成员感觉自己之前的努力付诸东流了，自然会在心里抱怨：凭什么领导一句话就能轻松抹杀我已经完成的工作？现在的方案明明就是他当时同意才实施的啊，怎么就不行了？领导到底有没有考虑过这个问题？这次做出的决定过几天会不会又变卦了？就算领导的想法终于敲定了，那按照领导的思路确定的工作目标会不会与企业战略相违背？

作为新晋领导者，要回答团队成员提出的"你要带我们去哪里"这个问题必须清楚、明白，消除团队成员对团队工作方向与目标正确与否的顾虑。此外，当一些特殊情况导致原定方案发生变化时，新晋领导者不仅需要具备决断力，还需做到向企业宏观的战略目标看齐。

因此，新晋领导者在确定目标的时候要深思熟虑，处理好团队内部成员之间、团队与其他团队之间、团队目标与企业目标之间的关系。处理好这三层关系，要求领导者能从团队视角、协同视角和企业视角这三个角度进行综合衡量。

你怎么证明你能胜任？

团队成员在获得了前两个问题答案的基础上，还会继续向新晋领导者提出"你怎么证明你能胜任"这个问题。这是团队成员对领导者"扎心三问"的第三问，本质上是为了能够了解领导者管理力的强弱。所以，除了工作方向上的决策，新晋领导者还要有能力带领团队实现目标。

在日常工作中，团队成员都希望能够遇到一个管理能力强大的领导者，因为这些领导者可以有力地推动团队工作，顺利实现团队目标。团队成员希望能与领导者高效沟通，确保及时得到准确信息；他们希望在工作中遇到困难时，能够得到领导者的辅导，找到有效的解决方法；他们希望领导者能对自己的工作给予真实的评价，以便他们了解工作方法是否正确，是否还有改进的地方；他们希望领导者不断精进管理技能，实现对团队成员的承诺。

掌握有效的管理工具，可以使团队工作事半功倍。作为新晋领导者，要时刻用实际行动来向团队成员传递"我能胜任"的信号，多方面展示自己的管理能力，不断精进管理技能，让团队成员从内心深处真正信服你，进而愿意跟随你。

实际上，新晋领导者要想回答清楚"扎心三问"，首先要让自己成为催化型领导者。催化型领导者要同时具备三个核心技能——影响力、角色力和管理力，笔者称之为"三力"模型。下一章我们将详细介绍催化型领导者及"三力"模型。

> **本章重点** <

    人类的大脑可以通过识别一些信号来趋利避害。在职场中，常见的由外界信号引起的自身情绪反应有安全感、归属感和成就感三种。新晋领导者在这三种感受上传递给员工的信号，是在回答团队成员"扎心三问"的第一问："你是谁？"

    新晋领导者通过良好的决断力和对团队方向的掌控，以及对时间的合理分配，是在回答团队成员"扎心三问"的第二问："你要带我们去哪里？"

    新晋领导者通过清晰准确地沟通任务、及时准确地提供有效辅导、恰到好处地反馈跟进，向团队成员表明自己有能力带领他们走向成功，是在回答团队成员"扎心三问"的第三问："你怎么证明你能胜任？"

自我练习

请思考以下三个问题，并写下你的答案。

1. 成为领导者后，你是如何让团队成员有安全感的？

2. 成为领导者后，你是如何让团队成员有归属感的？

3. 成为领导者后，你是如何让团队成员有成就感的？

第三章

催化型领导者及"三力"模型

　　正如前文所讲，新晋领导者的很多困惑其实主要源于自身能力与新晋岗位所需领导力之间的差距，新晋领导者只有对这种差距建立正确的认知，及时转变观念，才能适应从高潜员工到团队领导者的角色转换。那么实现角色转换后，成为什么样的领导者才能让团队和自身都获得长足的发展呢？这是新晋领导者需要思考的问题。上一章提到的"扎心三问"反映了团队成员最切实、最根本的需求，能回答好这三个问题的新晋领导者，笔者将其称为"催化型领导者"。本章将会围绕什么是催化型领导者、与催化型领导者息息相关的"三力"模型两个方面展开介绍。

什么是催化型领导者？

之所以称能回答好"扎心三问"的新晋领导者为"催化型领导者"，是缘于笔者对化学反应中催化剂的理解。催化剂是指在化学反应中能改变其他物质化学反应速率，而本身的质量和化学性质在反应前后都没有发生变化的物质。最为关键的是，催化剂能够让反应在正常的温度和压强下发生，就像给既定的化学反应过程开辟了一条新路径，或帮助其避开了一些障碍。在对团队成员的领导上，新晋领导者也需要具备这样的催化作用。

新晋领导者在团队管理中会遇到很多障碍，这些障碍或源于团队成员的工作技能不足，或与自己和团队成员之间的沟通交流有关。仔细想一想，很多时候并不是团队成员不想做好工作，而是他们在工作中可能遇到了一些障碍，从而影响了他们的工作积极性与工作效果。这时，新晋领导者要做的不是给他们增加压力，而是如同催化剂，促进他们积极发挥主观能动性，尽快消除障碍。当然，这不是要领导者大包大揽、亲力亲为，而是要领导者授人以渔，体现其真正价值。

在这里，笔者把催化型领导者简单定义为：能有效激发团队成员行动的领导者。通过激发团队成员的个人责任感，催化型领导者为团队成员提供辅导、建议和支持，并保持对团队成员的尊重，适当放权，这样就能促使团队成员积极且充分地参与到团队工作中。

新晋领导者要想成为催化型领导者，需要从三个方面进行专门训练，这三个方面笔者称为催化型领导者的"三力"模型（见图1）。这一模型也可简单概括为"1＋3＋3＋3"，其中"1"代表成为催化型领导者，第一个"3"代表三个基本影响力技能，第二个"3"代表三个基本角色力技能，第三个"3"代表三个基本管理力技能。

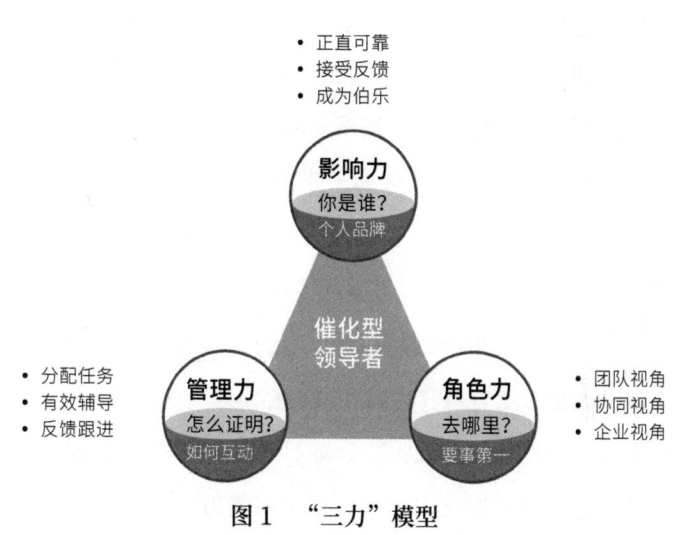

图1　"三力"模型

"三力"模型会伴随催化型领导者的整个领导管理生涯。绝大多数领导者无论处在哪一级别，都需要催化（激发）下级。新晋领导者只有真正掌握好"三力"模型，集"三力"于一身，才能够把管理的基本功打好，从而带好一个团队。

"三力"模型之影响力

"三力"模型中的影响力对应员工"扎心三问"的第一问"你是谁"，即领导者个人的形象和标签。笔者相信每一名新晋领导者都期望在团队成员心目中颇有影响力，那么如何提高这种影响力呢？我们先来了解一下心理学中一个著名的理论——冰山理论。

弗洛伊德、海明威和世界著名的心理治疗师维琴尼亚·萨提亚（Virginia Satir，1916—1988）分别在各自的领域提出了"冰山理论"，这一理论广泛运用于心理学界、文学界与管理学界。萨提亚将人的行为比喻为一座漂浮在海面上的巨大冰山，被外界看到的行为表现或应对方式只是水面之上很小的一部分，更多的则藏在水下。同样，我们也可以把一名领导者的能力比喻为一座冰山，一小部分能力露出水面，大部分能力隐藏于水下。露出水面的能力是容易培养也很容易改变的，即经过训练，这些能力就会很快提高；反之，如果一段时间不去主动运用这些能力，它们就会退化，比如计划组织能力、演讲能力等。藏于水下的能力虽然难以形成，但是一旦形成将难以改变，比如正直可靠、善于学习、信仰、正确的价值观等，而且这些能力往往深深植根于领导者的内心深处。所以，新晋领导者要想提高自己的影响力，就要在工作中有意识地做到：成为正直可靠的领导者；积极接受团队成员的反馈和意见；成为发掘人才的伯乐。下面我们一一说明。

1. 成为正直可靠的领导者

古今很多人都将中国传统儒家思想中备受重视的"内圣外王"当作修身为政的理想。通俗地讲，其内涵就是对内修身养德，做一个有德行的人，对外齐家、治国、平天下，由此可以看出自身修养的重要性。在职场上要想成为领导和管理别人的人，也要从自我修炼做起。在组织行为学中，相互认同、接受、信任是人际关系的基础。因此，正直可靠的领导者能在团队中树立威望，给团队成员带来安全感。团队成员对领导者产生了信任，就会更加积极主动地发挥个人的主观能动性，也愿意将更多的精力倾注到工作中。

2. 虚心接受团队成员的反馈意见

东汉班彪在《王命论》中说："见善如不及，用人如由己，从谏如顺流，趣时如响起。"这里的"从谏如顺流"是说，一个人听从规劝应该像流水一样自然，形容乐于接受别人的批评意见。在团队管理中，从听取他人反馈时的态度中，可以看出你是一名怎样的领导者。当听到别人对自己的管理方式或者制订的任务计划提出不同意见时，有些新晋领导者就会显得非常紧张，甚至会直接争辩，这其实就反映出一种防卫的心态。有时你越想证明自己能力强，反而越会暴露弱点。但在团队成员反馈时采取开放的态度，虚心接受意见，不仅能帮助你找到管理盲区，促进自我迅速成长，更重要的是能营造出上下级无话不谈的团队氛围，给团队成员带来归属感，同时也能增强领导者的个人影响力。

3. 成为发掘人才的伯乐

唐代韩愈在《马说》中写道："世有伯乐，然后有千里马。千里马常有，而伯乐不常有。故虽有名马，祗辱于奴隶人之手，骈死于槽枥之间，不以千里称也。"由此可见，伯乐对于千里马的发现至关重要。在职场中，员工都希望能找到自己的伯乐，而他们真正愿意追随的也是那些能够让自己充分发挥潜能的领导者。因为在这样的领导者的带领下，工作成就感是最强的，个人成长也是最快的。

"三力"模型之角色力

接下来我们看看催化型领导者"三力"模型中的"角色力"，即如何将自己的工作梳理清楚，并做到"要事第一"。很多新晋领导者在转型初期，经常是按照"急事第一"的思维模式来做事的，也就是哪件事紧急就先做哪件事。这说明他们还没有找准角色定位，依然把自己当作普通员工。德国哲学家叔本华说："世界上最大的监狱，是人的思维意识。"正如前文案例中的凯石一样，很多新晋领导者虽然每天都很忙，但总是得不到团队成员和上级领导的认可，这就是典型的没有忙到"点"上。那么这个"点"到底在哪里呢？如何才能找准呢？要想回答这两个问题，新晋领导者就需要从三个视角来分析，分别是团队视角、协同视角、企业视角。只要新晋领导者能转变思维认知，从这三个全新的视角出发，其所领导的团队工作效率自然会提高。

1. 团队视角

新晋领导者要成为催化型领导者，首先要改变工作的着眼点。原来作为普通员工时，着眼点是领导交给你的工作任务，只要把眼前的工作做好就行了。而成为领导者后，你的着眼点就要改变了，你不能只看自己手里的工作内容和面临的问题，还需要看到团队里每一个人的优势和劣势，观察他们是否存在合作障碍，以及思考如何让团队在日常工作中更有效率，这就是团队视角。

2. 协同视角

数字化时代最鲜明的特点是客户需求会不断变化，从千面一人到千人千面再到一人千面，没有哪个企业仅靠一个部门就能满足所有客户的所有需求，这就需要不同部门协同作战，统合综效。而有些新晋领导者只关注自己的小团队，以为只要带领团队达成目标即可，但是在繁杂的工作中，他们会发现客户需求越来越难以满足，可利用的资源也越来越不足。以前需要的资源向上级领导申请就可以得到满足，但现在来看，只靠分配来的资源是远远不够的。所以，他们必须走出去，进行跨部门合作，整合资源，这就是协同视角。

3. 企业视角

笔者到很多企业做培训、咨询时，经常会遇到一些新晋领导者跟笔者抱怨他们的企业目标变化太快，自己没办法跟上节奏。虽然他们每天都忙着加班，但总是得不到领导认可。新晋领导者要如何忙得有意义，又能忙到"点"上呢？这需要他们提升视角高度，站在企业的角度，思考企业如何才能适应市场竞争，这样他们就会更加容易理解企业目标的变化，并迅速调整团队工作目标以配合企业当下的要事，这就是企业视角。

"三力"模型之管理力

最后，我们来谈谈催化型领导者"三力模型"中的管理力，这对应员工"扎心三问"的第三问"你怎么证明你能胜任"。新晋领导者要想真正成长为催化型领导者，必须掌握一套能有效激发员工去行动的方法，进而共同达成团队目标。催化型领导者的管理力具体体现在：有效分配任务、有效辅导以及跟进反馈。

1. 有效分配任务

作为团队领导者，给团队成员分配工作任务是理所应当的，但是要想做到完全科学合理却不是一件容易的事。分配任务看起来只是上下级之间的日常行为，但如果方式、方法不到位，不仅会导致团队成员难以把握任务要点，而且有可能会让他们对分配的任务产生抵触情绪。任务分配如果从一开始就埋下隐患，最终的完成效果必然会大打折扣，久而久之还会影响团队成员对领导者的信任。可见，作为催化型领导者，应该具备有效分配任务的能力，这将直接影响到团队成员任务完成的效果。

2. 有效辅导

辅导是催化型领导者最重要的管理力，这项技能决定了团队成员成长的速度以及团队目标达成的效果。但在日常工作中，新晋领导者经常在给团队成员分配完任务后，就会闷头做自己手头的事情，而不会继续思考如何辅导团队成员完成他们的任务。很多新晋领导者认为，没有必要费时费力地辅导团队成员，只要把工作内容说清楚就可以了，剩下的事情就应该让他们自己去解决。

笔者在一家新能源企业做咨询时，一名员工跟笔者讲，她的主管经常说："任务交给你，剩下的就靠你自己了。"听到这样的话让她有一种领导在"甩锅"的感觉。管理是通过他人来实现目标，这就要求领导者与团队成员有效互动，激发他们积极思考，促使他们自己找到解决方案。有效的辅导不仅能充分挖掘团队成员的个人潜能，还能让他们从心里主动形成"我要做"的想法，从而提高工作效率，快速达成团队目标，也会让领导者因为团队成员的成长而实现个人价值。

3. 跟进反馈

跟进反馈是催化型领导者又一项重要的管理力。美国莱斯大学职业沟通专业的教授德波拉·巴瑞特（Deborah J. Barrett）曾说："提供有建设性的反馈意见是必需的领导力沟通技巧之一……正是通过他人不断地提出建议和意见，人们才能不断进步。"[1]反馈是为了确保团队目标以及团队成员的行为都在正确的轨道上，反馈的及时性和有效性决定了团队成员的效能。反馈分为正面反馈和改进型反馈。正面反馈就是在团队成员做出好的行为时给予表扬，以此来鼓励好的行为再次出现；改进型反馈就是向成员做得不足的方面提出相关的改进意见。但有的新晋领导者因为害怕冲突，而不敢给予建设性反馈；还有的新

1　德波拉·巴瑞特：《领导力沟通》，邓天白等译，复旦大学出版社，2013，第190页。

晋领导者觉得团队成员做出成绩是理所应当的，不值得表扬，或是担心表扬后团队成员会"翘尾巴"，从而对应表扬的不予表扬；更有甚者，他们会采取讽刺挖苦、谩骂的方式给予团队成员否定性的反馈。这些反馈行为都会严重打击团队成员的积极性，导致他们的工作热情降低，使他们选择"摆烂""躺平"或干脆离职。真实情况是，团队成员非常希望能从上级领导那里得到反馈，原因如下。

（1）想知道自己在上级领导者心中的位置；

（2）希望在取得成绩时获得认可；

（3）想知道工作做得不好时需要提高的地方；

（4）不希望受到惊吓。（突然收到领导者的负面反馈）

同时，新晋领导者也要清晰地认识到给予团队成员有效反馈的意义：保持上下级信息互通，保证团队目标按制订的计划前进。所以，新晋领导者应做到"凡有任务分配，必有跟进反馈"。

总之，新晋领导者如果按照催化型领导者"三力"模型，有计划、有针对性地专门训练自身影响力、角色力和管理力，就会离催化型领导者更近一步，从而更能回答好团队成员提出的"扎心三问"。

那么，新晋领导者到底应该如何去培养这三种能力呢？在接下来的三部分，笔者会对此进行详细论述。

> 本章重点 <

　　催化型领导者是能有效激发团队成员行动的领导者，他们通过激发团队成员的个人责任感，为团队成员提供辅导、建议和支持，并保持对团队成员的尊重、合理授权，促使团队成员积极、充分地参与团队工作。

　　催化型领导者的"三力"模型：
　　影响力——正直可靠、接受反馈、成为伯乐；
　　角色力——团队视角、协同视角、企业视角；
　　管理力——分配任务、有效辅导、反馈跟进。

自我练习

下面做一个简单的测试，看看你目前是否具备催化型领导的能力。表格左边的选项是非催化型领导者的管理行为，右边的选项是催化型领导者的管理行为，中间是你对自己的评分分值（见表 4）。

数字"1"代表你的日常管理行为属于非催化型领导者的管理行为；

数字"2"代表你的日常管理行为接近非催化型领导者的管理行为；

数字"3"代表你的日常管理行为处于非催化型领导者的管理行为与催化型领导者的管理行为的中间地带；

数字"4"代表你的日常管理行为接近催化型领导者的管理行为；

数字"5"代表你的日常管理行为属于催化型领导者的管理行为。

请根据你在日常管理中的实际情况，如实勾选表中的评分分值，从而测试你的管理行为是否符合催化型领导者的要求。

表4 日常管理行为自测表

非催化型领导者的管理行为	自我评分分值					催化型领导者的管理行为
告知和假设	1	2	3	4	5	询问、聆听及学习
指令和规定	1	2	3	4	5	引导、促进及带领
独立发现问题并制定解决问题的方法	1	2	3	4	5	帮助他人认识和解决问题
目标与结果脱节	1	2	3	4	5	行动与目标保持一致
只是批评	1	2	3	4	5	平衡反馈，提供表扬与批评
提供所有问题的答案	1	2	3	4	5	征求想法（寻求建议）
隐瞒信息和感受	1	2	3	4	5	授权与赋能（分享想法、感受和行动）
威胁、咄咄逼人	1	2	3	4	5	信任、承诺、激发
只关注员工的缺点	1	2	3	4	5	重视员工的潜力
鼓励员工的依赖性	1	2	3	4	5	培养员工的独立性
维持现状	1	2	3	4	5	促进创新

非催化型领导者的管理行为	自我评分分值					催化型领导者的管理行为
独立完成所有的事情	1	2	3	4	5	支持他人发展
以自我为中心	1	2	3	4	5	以团队为中心
接管和控制	1	2	3	4	5	给予支持、鼓励承担

第二部分

"三力"模型之
影响力

　　许多人是凭借突出的个人专业技术而非管理技能被选为领导者的，这样的新晋领导者往往并没有完全做好准备，同时企业留给他们完成角色转换的时间又非常短，希望他们能尽快胜任新角色，因此他们一时间很难顺利地成为一名催化型领导者。

　　管理学中有一句经典俗语："没有追随者的领导者就像在散步。"新晋领导者要想增强激发他人行动的效果（催化效应），就必须学会把焦点放在提高个人影响力上，这是在建立"你是谁"的个人品牌，也是成为催化型领导者的重要基础。

　　人与人之间的交往，说白了就是影响力之间的相互作用。每个人都会影响到他人，也会受到他人的影响，因而在职场上，每一名员工都具备或多或少的领导力。只要稍微留意一下周边的人和事，我们就很容易发现，有些人即使不是领导者，他们的影响力也并不弱——能推动他人做事，也就是激发他人行动。可以说，这些人就是不带头衔的领导者。所以在这样的一个企业里，那些有管理头衔的人更需要具有卓越的影响力，才能成为真正的催化型领导者，让团队成员发自内心地接受领导。很多新晋领导者在上任之初，就非常迫切地想达成目标，树立威望，拼命证明自己的能力比他人更胜一筹。他们看似努力工作，实质上大部分工作与团队成员都是类似的，所以很容易产生直接竞争。久而久之，团队成员自然就会对领导者失去信任，甚至转化为抵触。最后，领导者不得不亲自上阵或者推动团队成员行动。

由此可见，单靠个人在企业中的地位和权力是不足以激励或鼓舞团队成员的。因此在企业的组织结构不断发生改变，从层级结构到矩阵结构再到网状结构的趋势下，如何发挥员工的主动性显得尤为重要。

那么，怎样才能让团队成员发自内心地追随领导者呢？关键在于新晋领导者如何回答员工心中的"扎心三问"，从而产生内在联结感。这种联结感能够激发员工的活力，也能让领导者更容易带领员工奋进。

我们先来做两个小练习，看看影响力在人际中的作用。

练习一：

想象你是一名团队成员，在思考自己未来有一天成为一名领导者时，会郑重地说："我将一定不会做的事情是……一定会做的事情是……"一定不会做的事情可能是：甩锅，指责，怀有偏见……一定会做的事情可能是：保持正直，说到做到，多鼓励、多帮助团队成员……

练习二：

1. 回忆某位和自己一起工作过的领导者，能把你最好的一面激发出来且你也愿意再次合作的，想想这位领导者对你的影响力是怎么产生的。

2. 回忆某位和自己一起工作过的领导者，现在你会尽量避免与其一起工作，想想是什么让这位领导者对你的影响力失效了。

从以上的练习中我们会发现，那些值得追随的领导者是具有共同特质的。这些特质体现在领导者的一系列行为中，员工不是表面服从，而是愿意跟随领导者抵达目标终点。简言之，对员工极具影响力的领导者才能成为催化型领导者。

前面我们说过，新晋领导者如果能在以下三个方面有所作为，其在团队中的影响力（催化效应）就会大大提高。第一，正直可靠；第二，接受反馈；第三，成为伯乐。这三个方面对应员工的安全感、归属感和成就感，这三种情绪能量交

织在一起，基本上就可以给员工对新晋领导者的
"扎心三问"中的"你是谁"一个满意的答复了。
有了这些能量，团队成员跟新晋领导者之间的关
系和认同感会大大提高。

第四章

正直可靠

正直可靠，是人类文明产生以来重要的价值指引，是众多人间美德的基石。几千年来，人类文明的发展道路跌宕起伏，消亡与成长并存、没落与繁荣交替的局面轮番上演，但是不管各方冲突与斗争如何激烈，始终都没有影响人类对正直可靠品格的敬畏与尊重。

杰克·韦尔奇在其著作《赢》中对领导者应该做的事有这样的描述："以坦诚精神、透明度和声望，建立别人对自己的信赖感。"

2012 年，谷歌公司启动了"亚里士多德项目"，其目的是发现高效团队的"秘方"。这个调研项目聚集了谷歌旗下最优秀的统计学家、组织心理学家、社会学家和工程师，他们研究了 180 个谷歌团队，访谈了 200 多个雇员。经过一年多的调查研究，他们发现在影响团队绩效的因素中，"心理安全"是排在第一位的。而在团队工作中，正直可靠的领导者可以给团队成员带来最稳定的心理安全感。

接下来笔者将要跟大家一起讨论这些内容：不够正直可靠的领导给员工带来的困惑；新晋领导者在企业内要做到正直可靠会遇到哪些挑战；做到正直可靠行之有效的一些方法。

我遇到了不坦诚的领导者

笔者在一家企业做咨询时，有一位学员跟笔者讲，她的领导说话总是不直接，喜欢绕弯子，这让她摸不着头脑，但又不得不挖空心思去猜领导的真实想法。这种靠猜的工作方式让该学员犯了很多错误，在掌握信息不充分的情况下，工作也总是不能满足领导的要求。这位学员表示她已经受不了领导这种不坦诚的交流方式了，但又不知道应该怎么办……从这个反面例子可以看出，坦诚的领导者对于员工来说是多么重要。

正直可靠的领导者很容易让团队成员产生安全感，这种安全感在很大程度上来自信息的公开透明。安全感可以更好地激发团队成员的主动性，达到对管理工作的催化效果。上面这个案例中该员工的痛苦就来源于上级领导者不够坦诚，员工无法获得安全感。

正直可靠的新晋领导者面临的两难境地

新晋领导者想要真正做到正直可靠，一定会遇到诸多挑战。在企业中，新晋领导者是连接高层与一线员工之间的桥梁，很多时候会面临员工因角度不同而对公司政策产生误解，甚至有时候连他们自己也不能理解和认同公司的某些政策。在这种情形下，新晋领导者该如何展现自己的正直可靠，既能推动政策落地，又能让团队成员发自内心地去执行呢？

让我们一起来看看，一位在全球著名水处理设备公司工作的新晋领导者刘岚（化名）的两难选择。

公司宣布了一套实施简化流程的新方案，要求刘岚的团队必须执行。虽然刘岚个人对该方案是否有效持保留意见，但她已经准备在周会上向团队成员传达，制订落实计划了。刘岚心里也在盘算应该如何与团队成员分享自己关于新方案的想法，但是她明白自己不会是唯一一个心存疑虑的人，所以自己的想法比起公司政策和团队成员的理解是否重要呢？

身处中层的领导者处于上传和下达的位置——既要让领导满意，又要能说服团队成员。在这样两难的境地中，要做到正直可靠，新晋领导者就必须摒弃"戴着面具"的想法，并且要坦然面对自己的团队成员。那么，应该如何拿捏正直可靠和透露过多公司关键信息之间的分寸感呢？

假设刘岚从以下四种情况中做出选择，我们看看可能会产生哪些结果。

（1）开会表明自己愿意接受的态度，说服团队成员也接受。

（2）直接以书面文件形式通知团队成员落实，并说明执行这套方案的理由。

（3）开会说明个人对该方案不能适应或不同意之处，并向团队成员表达自己会建议公司调整方案的想法。

（4）开会说明公司执行新方案的理由，并向团队成员透露根据自身的经验，自己最初也并未被完全说服。（适当分享想法、感受与理由）了解团队成员不适应或不同意之处，最终共同讨论在执行中可能会出现的障碍。

我们先看（1）选项，简单直接地执行上级的指示，把自己内心的真实感受隐藏起来，也就是我们通常所说的戴上"领导面具"。其结果就是，把自己与团队成员之间的情感联结切断，使团队成员的情绪无法表达，自己也无法真正催化团队成员去执行。

（2）选项，这样做会让团队成员觉得领导不想与他们直接沟通，连面对面解释的机会都不给他们，从而使团队成员产生难过甚至抵触的情绪，归属感大大降低。

（3）选项也是一些领导者会采取的选择，他们想表明自己很理解团队成员，希望能取得他们的信任。但是绝大多数情况下他们又很难让公司调整做法，最后只好维持现状。这样的做法会让团队成员感觉领导是在忽悠他们，领导的影响力自然会降低。

（4）选项可以说是两难境地中比较恰当的沟通方法，一方面领导者真实表达了自己的感受和想法，面向成员不戴面具；另一方面在公司与员工之间的沟通中起到了桥梁作用——站在公司角度客观地把政策解释给大家，聆听员工意见，与他们情绪相连，最终导向解决执行新政中可能遇到的障碍的行动上。

以上四种选择分别表明了新晋领导者不同的态度，而选择（4）选项虽然能够在一开始让员工感觉到新晋领导者的坦诚，但要想让员工觉得自己可靠，还需要采取进一步的行动。所以，新晋领导者接下来必须跟团队成员讨论如何做——切实帮助他们解决在执行公司政策时遇到的实际问题。这样才能让新晋领导者真实地表达自己的感受和想法，解释公司政策，还能以实际行动帮助到自己的团队成员，做到真正的正直可靠。笔者建议以后遇到类似情况，新晋领导者可以采取以下几步。

第一步：说明企业为何会制定该政策。（企业视角）

第二步：透露根据自身的经验，自己对该政策并未完全接受。（适当分享想法、感受与理由，不戴面具）

第三步：耐心询问团队成员，看他们认为该怎么做才能成功实施新政策。（群策群力，自信不自大）

第四步：多听少说。（理解员工，允许员工充分表达想法，促进彼此的信任）

第五步：要求团队成员支持该方案，并一起讨论如何解决他们可能遇到的任何困难。（专注解决方案）

最后，你可以充满信心地做个小结并真诚地说："是的，这样做对企业更好。"

有时候，领导者自己要面对复杂和信息缺失的局面，这种情况下怎么做到坦诚、正直可靠呢？现代工作最讲求效率，因此领导者做到及时上通下达很重要。不明白就诚实地去问上级领导，只要自己保持真诚的态度，肯定能得到准确的答复；有些新晋领导者不懂也不敢问上级领导，既做不好"上通"，自然也完不成"下达"，过着时时都在揣摩上级领导心思的日子，这样只会让自己成长受阻。当然，我们不排除有些真的能很好地"揣摩上意"的人，但这并不是普遍现象，不适用于大多数人。

所以，随时以正直可靠的态度来保持言行一致与真诚，对于新晋领导者来说是至关重要的。因为每一个人的行为都反映着自身的信念与感受。在扮演领导者的角色时，我们的行为正被团队成员放大来观察，如果我们的言行存在矛盾与冲突，会让我们的领导者印象大打折扣。

新晋领导者怎样才能展现正直可靠？

我们很容易通过一个人的行事风格看出他是否正直可靠，

就像我们通常能"一眼看透"一个人真诚与否一样。正直可靠的领导者会给人留下值得信赖的印象，因此也就更能对他人产生影响力。那么，如何成为正直可靠的领导者呢？以下几种方法供你参考。

1. 行为真诚正直

首先，领导者要问问自己的内心和外在表现是否一致。大多数新晋领导者在日常工作中基本都能做到内外一致，但在遇到一些特殊情况，尤其是危机时，往往才是真正考验新晋领导者是否真诚可靠的时刻。杰克·韦尔奇曾有一句名言："比在危机中失败更可怕的，是在危机后失忆。"[1]他提出，当危机发生的时候，领导者需要利用五种假设来帮助自己进行思考。

（1）假设问题本身要比表现出来的更糟糕。

（2）假设这个世界上并不存在秘密，每个人最终都会知道事情的真相。

（3）假设你和自己的组织对危机的处理将被别人以最敌对的态度描述出来。

（4）假设在危机处理过程中，有关的人和事会发生变化。没有一次危机不是以付出血的代价而告终的。

---

1 路江涌：《全球第一 CEO 韦尔奇：比在危机中失败更可怕的，是在危机后失忆》，《创业邦》2020 年第 8 期。

（5）假设你的组织将从危机中挺过来，而且会因为经历了考验而变得更强大。[1]

在这里，我们举一个美国强生公司面对挑战如何做到坦诚及正直可靠的例子。1982年9月，芝加哥发生了有人因服用含氰化物的"泰诺"（Tylenol）胶囊中毒死亡的事故。一开始死亡人数只有3人，后来却传言全美各地死亡人数高达250人，一时间消费者人心惶惶。随后的调查表明，94%的消费者表示绝不再服用此药。事故发生前，泰诺在美国成人止痛药市场上占有35%的份额，年销售额高达4.5亿美元，占强生公司总利润的15%。

事故发生后，强生公司经过对800万片药剂的检验，发现所有这些受污染的药物只源于一批药，总共不超过75颗。为向社会负责，强生公司还是将预警消息通过媒介发向全国，并迅速采取了一系列有效措施。比如在很短的时间内就回收了数百万瓶、价值近1亿美元的泰诺胶囊，同时花了50万美元向那些有可能与此药有关的内科医生、医院和经销商发出警告，要求停止销售。当时的《华尔街日报》（*The Wall Street Journal*）报道说："强生公司选择了自己承担巨大损失而使他人免受伤害的做法。如果它当时昧着良心干，将必然会遇到很

1　杰克·韦尔奇：《赢》，余江、玉书译：《赢》，中信出版社，2010，第134页。

大的麻烦。"[1]

强生公司由于采取果断决策，实施了"做最坏打算的危机管理方案"，全部回收了它在芝加哥地区的泰诺胶囊而获得人们的称赞，也因此夺回了它的市场。当时若不这么做，企业就会因消费者的不信任而遭受巨大损失，且这种损失是很难弥补的，因为消费者信任企业是企业能够生存和发展的首要条件。

团队管理也一样，无论对象是谁，领导者都需要正直地向大家传达准确的信息，并坦诚地回答具有挑战性的问题；如果遇到无法说明细节的情形，就需要耐心地解释原因。对于触及公司或者自己底线的行为，要"零容忍"；对于误解或错误，要勇于在第一时间沟通并化解，而不能拖延或回避。只有这样做，新晋领导者才能在团队中建立起强大的影响力。

2. 促进彼此信任

建立信任很难，但失去信任往往只需一瞬间！新晋领导者必须与团队之间建立信任，只有相互信任才能更好地协同工作；团队内只有存在充分的信任基础，才能更好地解决矛盾，进而形成更好的团队工作氛围。

新晋领导者还要注意一些影响员工信任感的细节：避开流言蜚语或讽刺挖苦的场合，这会对一个人的自尊心打击很大；

---

1 陈迅、王澍文：《危机决策》，甘肃文化出版社，2002，第78页。

保护公司机密信息或个人资料，并且随时与团队成员查看公司针对这类信息公布的政策；坦率地解决问题，对于那些很难沟通的人，要拿出勇气与之坦诚沟通，而不是想方设法回避；保持开放的心态，乐于分享自己知晓的相关信息，当意见不相同时，要敢于说不，并进行建设性讨论。

3. 做出自己能兑现的承诺

是否履行承诺是衡量一名领导者是否正直可靠的重要标准。有很多领导者为了赢得团队成员的认同，做出一些连自己都不知道能否兑现的承诺，而一旦届时不能兑现，就会降低自己在团队成员心目中的影响力。作为一名新晋领导者，由于职责的限制，能够向团队成员承诺的东西并不多。那么，怎么才能既不过度承诺，又能在团队成员心中保持影响力呢？

笔者在这里给新晋领导者一点建议：在一些小事上向他人做出一些非常具体的承诺。如守时，包括与团队成员之间确定的会议时间、会面时间、提交报告时间等。在一些自己无法最终决定的事情上，保持阶段性的进展沟通，不盲目做任何承诺，但可以让团队成员知晓进展。类似这样的沟通，无形中会让团队成员认为领导者信息透明并对其产生信任感。

4. 敢于承认错误

职场如战场，新晋领导者都希望自己能在管理团队的时候决策英明、高瞻远瞩、百战百胜。然而人非圣贤，孰能无过，犯错在所难免，重要的是犯错后是否敢于承认错误并采取补救的措施。

认错真的很难吗？"认错"两个字说起来简单，但要真正做到其实是挺难的。事实上，敢于认错也是一项高超的领导力。新晋领导者如果意识到自己无法兑现承诺，或是做了一个错误的决策和命令，应立即告知将受到影响的人或直接表达自己对失误的歉意，并提出新的想法。在大多数情况下，团队成员都能理解和接受，领导者的正直可靠不会因此减分，反而会加分。廉颇负荆请罪、将相和好并同心协力保卫赵国的故事告诉我们，承认错误是建立信任非常有效的行动。那些"打死也不认错"的新晋领导者无非想努力塑造自己永远正确的光辉形象，却不承想这样的行为其实离他们的形象坍塌已经不远了。

5. 分享自己真实的想法

互相坦露真实的感受有助于人与人之间建立起信任关系，当团队成员和新晋领导者分享他的真实想法时，新晋领导者最好也与团队成员分享自己的真实想法，这正是你们建立互信的大好机会。

这里有一个关于技巧的问题，你是经常用"你"的句式跟团队成员沟通，还是用"我"的句式与团队成员沟通？例如："你把这个报告弄得一团糟……""你永远不去认真考虑大家的建议……""你让我很生气……"含有"你"的句式很容易让人掉进描述他人的行为和动机的陷阱里，让团队成员感觉受到责备和指控，从而大大减弱他们的安全感。更好的做法是领导者描述自己的感受、关注点和看法，带有"我"的句式能让团队成员更自然、更安全地参与讨论。比如："我对……感到……""根据我的经验，我认为我们应该……""这听起来很有意思，我们是否可以等一下回到这点上讨论？""我明白你的意思，我的观点和你不一样，但我想和你分享。""谢谢你分享你的想法，你愿意听听我的观点吗？"等等。

这种不带压力地分享领导者自身真实想法的做法，可以让员工更自然地参与到互动中，不知不觉提高领导者的影响力。

6. 坚持正确的原则和信念

在困境中坚持正确的原则和信念，可以显示出新晋领导者带领团队解决问题的实力与勇气，从而极大提高他们在团队中的影响力。信念也是一个人成功的主要因素。在面对重重困难时，新晋领导者要不断修炼自己。印度民族解放运动的领导人圣雄甘地，在领导印度独立运动的过程中最强有力的武器就是他所秉持的原则和信念，他用"非暴力"的原则和信念带领印度人民在独立运动中做出了许多令人敬佩的壮举。

7. 展现自信但不自大

老子《道德经·第三十三章》中说:"知人者智,自知者明。"自信的本质来自自我接纳、自我认同,意味着一个人对自身判断的正确合理。一名自信的领导者会不由自主地散发魅力,使团队成员不自觉地从内心愿意追随。但过于自信的领导者往往又不容易听进他人的意见和建议,容易掉进自大的陷阱。老子在《道德经·第六十三章》中写道:"是以圣人终不为大,故能成其大。"这句话的意思是一个人始终不自以为伟大,才会成就自己的伟大。

很多新晋领导者之所以容易出现自大的情况,是出于塑造自我形象的考虑。这在心理学中称作"虚假独特性"——人在评价自己的能力、技能、知识时,通常会高估自己而低估其他人。换言之,在企业中,很多人都会自觉不自觉地夸大自己的能力和贡献,同时高估自己的价值。

请记住,自信不是刻意做给别人看的表演,领导者需要自信,但也要懂得去欣赏他人;别人取得成就时,也要由衷地为其开怀。不要忘记自己作为一名领导者的使命之一就是成人之美,帮助他人进步。新晋领导者在跟员工沟通的时候要会运用非语言信息(眼神接触、声音语调、肢体语言等)来丰富自己传达信息的方式,这些都有助于增强员工对领导者的信赖感。

8. 建立自己的信任等式

国际管理咨询专家大卫·梅斯特（David Maister）曾经提出过一个计算信任程度的等式（见图2）：信任 =（可信度 + 可靠度 + 亲密度）/ 自我导向。在这个等式中，分子一共有三个，分别是可信度、可靠度、亲密度。这不难理解，因为一个人做事的能力越强、可靠程度越高、和对方关系越亲密，自然就会赢得对方越多的信赖。但是值得注意的是，虽然这么多的积极因素都有助于提高一个人的可信程度，但它们又同时会被一个因素所制约，就是这个等式中的分母——自我导向，也就是你的动机——以谁为中心？作为一名新晋领导者，如果在管理中过于以自我为中心，就会让团队成员有一种在为你打工的压抑感。换句话说，在一个人为了自己的利益而牺牲他人的时候，他长期积累起来的信誉就会瞬间坍塌。

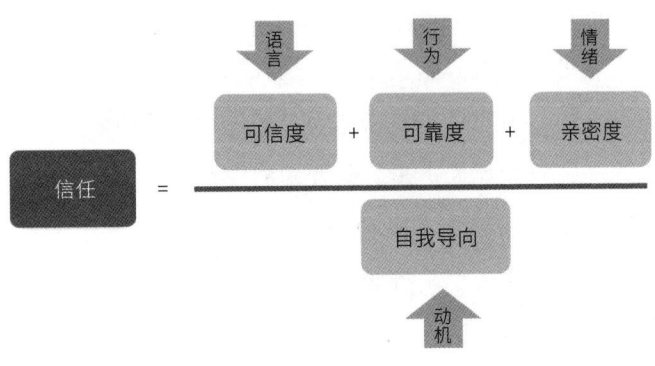

图 2 信任等式

信任等式从四个方面阐述了如何打造让人更信任的印象。

（1）**建立可信度**：要想通过语言获得信任感，可以这样做：与团队成员分享相关专业知识；任何时候都要做到准备充分；不要夸大你的背景资历；不要隐瞒你的困难情况；不戴面具、诚实地分享你的不同观点。

（2）**建立可靠度**：要想通过行动获得信任感，可以这样做：做出承诺，信守承诺；与团队成员保持日常有规律的互动关系；始终如一；明确阶段性可交付成果；守时。

（3）**建立亲密度**：要想从相互的感受中获得信任感，可以这样做：积极倾听并理解他人；真诚感谢他人；即便没有工作项目，也要与他人保持联系；做真实的自我；分享有趣的事；始终遵守保密义务。

（4）**减少自我导向**：这是关于以谁为中心的问题，可以这样做：使用开放的方式进行交谈；保持专注；在提出自己的建议之前先听取他人的意见（以团队整体利益为重）。

以正直可靠为基础的领导行为已成为新晋领导者展现人格魅力的关键，也是团队成员判断领导者人格的价值准则。你的团队之所以充满希望，其原因之一就在于广大成员对于你的诚实与正直具有一种本能的识别和接纳能力——而且不可抗拒地被它所吸引，并逐渐将其作为他们日常的期待和要求。具备正直可靠的人格品质，无论在哪个管理阶段，都会使人对之肃然起敬。作为新晋领导者，如果对团队成员不够坦诚，还把心思和精力用在"戴面具"上，让对方拼命读心，自以为这是威严和掌控力，那么自己和团队都一定不会有长远的发展。

> **本章重点** <

　　新晋领导者要想做到正直可靠，就必须懂得与人沟通，相处不要戴着面具，坦然面对（情况合理的话）自己的团队成员。

　　信任等式可以作为领导者建立信任的日常行为准则：

　　信任＝（可信度＋可靠度＋亲密度）/自我导向

自我练习

请根据你的情况给自己打分，在表 5 中右边评分栏勾选相应的分数，最后将各项分数相加，得分越高，表明你越具备成为正直可靠的领导者的特质。（1 分代表"强烈反对"；2 分代表"反对"；3 分代表"不确定"；4 分代表"赞同"；5 分代表"非常赞同"）

表 5　正直可靠度自我评估表

备选项	评　分				
分享相关专业知识	1	2	3	4	5
不隐瞒团队真实困难	1	2	3	4	5
做出承诺，信守承诺	1	2	3	4	5
明确阶段性可交付成果	1	2	3	4	5
积极倾听并理解团队成员	1	2	3	4	5
即便没有工作项目，也与团队成员保持联系	1	2	3	4	5
在提出自己的建议之前，充分听取团队成员的意见	1	2	3	4	5

第五章

接受反馈

　　正直可靠的新晋领导者能够让团队成员有安全感。为了持续提高影响力，新晋领导者还要让团队成员产生一种归属感，让他们与你有情感联结，这样你就在成为催化型领导者的路上又迈出了坚实的一步。在职场上，这种联结最主要的表现就是要让成员感到自己很重要，自己的声音能被大家听到。即使团队成员向自己提意见，领导者也要能够心态开放，积极聆听。数字化时代的最大特点就是以数据信息为王，新晋领导者与团队成员保持通畅的信息交流，意味着能收集到一手信息，这是解决问题、实现团队目标至关重要的前提。所以，主动寻求团队成员的反馈，是催化型领导者提升自我影响力的又一个制胜法宝。

　　虚心接受反馈能建立并持续改善新晋领导者与团队成员之间的信任。领导者这样做也是在告诉团队成员，自己正在努力营造信任感和持续改善团队环境。新晋领导者通常会有很多可以改进的地方，所以应该对发展性反馈及建设性反馈保持开放的态度，这样才能了解团队成员不同的思考角度或方式，也才能让自己的领导力得到提升。鼓励团队成员对你的领导能力表达他们的看法，有助于打造一个信任的环境，让你的团队成员更积极地肯定他人，并对他人需要改进的地方毫无顾虑地提出建议。作为一名新晋领导者，不但要虚心接受他人反馈，还要主动出击寻求反馈，这样才有利于促进团队成员参与到团队活动中，畅所欲言，从而增强他们的归属感。《孝经》中说："士有争友（争通"诤"，争友，即诤友），则身不离于令名。"这句话意为一个人身边如果有敢于直言劝谏的朋友，那么他就能保持美好的名声。可以说，团队成员就是新晋领导者身边的"诤友"，他们的反馈对于新晋领导者而言也算是一种礼物。

当然，反馈有时候并不总是让人感觉舒服，尤其是那些指出自己缺点和错误的反馈，但却是最有价值的数据信息，而且有助于新晋领导者与团队成员建立紧密联系。因业务能力强而被提拔的新晋领导者在上任初期，会因为自己的业务能力强而有一定的优越感，为了完成上级交代的任务，很容易按照自己以往成功的经验行动。在听到不同的反馈意见时，他们往往会不自觉地表现出防卫性行为：皱眉、沉默、面无表情、争辩甚至直接进行言语反击等。这些做法只能让团队成员感受到你是一名始终认为自己正确而不顾他人意见的专断的领导者，造成的直接结果就是团队成员会离你越来越远。笔者把这种处理反馈的行为叫作"领导者的防卫心态",接下来会从几个方面讨论新晋领导者防卫心态产生的原因,以及新晋领导者该如何有效且正面地回应反馈。

新晋领导者的防卫心态

张栋（化名）是一家国内著名新能源汽车企业的新晋领导者,浑身散发着年轻人的活力。他刚接手了一个项目团队。有一天,一名带着情绪的团队成员找到他说:"你管不管艾伦（另一名团队成员的化名）了!他总是请假,要么就是上班以后什么也不做,都是我一个人干两个人的活!"张栋听后,觉得这名团队成员是认为自己没有做好员工管理工作,质疑自己的领导能力,就直接没好气地说:"你怎么知道我没有管?你做好自己手头的工作就可以了!"这名团队成员听他这样讲后,当时的表情让他至今记忆犹新——欲言又止,却又无奈地走了出去。事后张栋觉得自己当时的反应不妥当,不仅没有认真思考团队成员提供的反馈信息,还直接给反驳回去了。此后,张栋发现这名团队成员见到他总是躲着走,即使谈话时,也会明显感到他们之间有了很大隔阂。

张栋的例子告诉我们,如果新晋领导不分青红皂白地就反击团队成员的意见反馈,就会导致信息沟通不畅,员工有话不敢讲，甚至会影响彼此之间的信任，久而久之也会导致领导者对团队成员的影响力下降；而且领导者这样回应反馈的方式不仅会让当事人"受伤"，还会给其他团队成员带来"前车之鉴"的不良印象，导致整个团队的成员都不再愿意主动向领导者反馈信息。

那么，很多新晋领导者听到团队成员的反馈时，为什么会产生一些过激的回应呢？创造了"自体心理学"这一独特的精神分析理论体系的美籍奥地利裔精神医学教授海因茨·科胡特（Heinz Kohut，1913—1981）提出，人类从婴儿期开始，直到成年以后，都会具有自恋倾向，这也解释了为何绝大多数成年人对自己的评价会高于实际情况。一旦人的这种自恋倾向受到刺激，人就会做出自我保护式的回应，海因茨·科胡特称其为"自恋暴怒"，在心理学上也叫作"自我防御机制"或"防卫心态"。比如有些新晋领导者一旦遭到别人的否定或质疑，就会产生"我不是一名称职的领导者"的心态，觉得自己存在的意义被击垮了，在这种情况下就很容易做出过激的回应。一名新晋领导者在面对反馈时表现得"忠言逆耳"，他担心的无非有以下两个方面。

第一，如果需要别人告诉我怎么做，说明我的能力不足，没有资格做领导者；

第二，如果承认我的不足，那我在团队当中就丧失了领导者的尊严，是一名不称职的领导者。

上面案例提到的新晋领导者张栋，就是因为刚刚晋升不久，觉得自己在团队成员心目中的威信还不够，非常想证明自己有能力胜任领导职位，一旦他人向自己提出意见，就会觉得他人是在质疑自己，于是做出了过度防卫的行为。

其实，新晋领导者如果从团队利益出发，那么虚心接受反馈是很有必要的。我们一起来看看其价值和意义所在。

首先，并不是只有新晋领导者会担心听到负面评价，而是所有人都一样。这是一种人的正常心理反应，因为人是需要有自信的。虽然这种心理反应同样展示着你自信的一面，但反应不宜过度。

其次，尽管负面评价会令人痛苦，但作为刚刚成为领导者的你，需要时常留意别人是如何评价你的表现的，这样你才能有所提升。众所周知，人的能力提升往往容易发生在自己有所欠缺的领域。如果拒绝接受他人的反馈，新晋领导者就得不到有价值的信息，而团队成员也就不愿意再跟你交流了，从而会严重影响他们的归属感。

最后，只需要短短几分钟虚心接受反馈，新晋领导者就可以"经济实惠"地通过他人得到对自己改善领导工作很好的提示，意识到自己的短板在哪里，这绝对好过通过碰壁和付出更大代价才发现自己的这些不足之处。

新晋领导者如何克服过度自我防卫心态

作为一名新晋领导者，在听到别人的反馈意见时，应该怎样做才能够有效地克服自己过度的防卫心态呢？

首先，要正确认识自我防卫心态。正如之前讨论过的，当听到负面的反馈意见时，绝大多数新晋领导者或多或少都会出现防卫心理，因为他们把这种反馈视作一种威胁的信号。人类经过演化延续至今的生存本能让我们对风险非常敏感，在遇到威胁时都会自然而然地想到先保护自己。所以自我防卫是一种很常见的心理，新晋领导者要做的就是正确认识这种心态属于正常现象，在不逃避的同时树立克服这种心态的信心。

其次，要坦然承认自己的不足。团队成员给出的负面反馈信息，虽然不能说百分之百客观正确，但其中有一些确实能反映出新晋领导者在某些方面的不足。对于这样的反馈，新晋领导者无须敌视，坦然承认自己的不足，就可以树立新晋领导者在员工心目中真实可靠的形象。

再次，要学会运用同理心。同理心是一种很重要的领导能力，新晋领导者接收到团队成员的负面反馈信息后，如果拥有并会运用同理心，多多少少就会理解此时团队成员为什么向自己提出这样的反馈信息，考虑到他们面对的工作压力或不良情绪，也许他们是期待你给予一些积极的回应与帮助。新晋领导者如果能够换位思考、积极回应，就会让员工感受到你是真心在努力帮助他们，是在为团队考虑，这样自然而然就可以提高团队成员的归属感。

最后，要提高对自我的要求。 还有一种现象，就是有些新晋领导者知道自己哪里不足，也虚心承认，但会提出很多客观因素，表明自己在这方面很难做到改变或提高。当员工看到你"道理都懂"但一直不做改变时，就会感到失望，对团队的归属感也会降低。新晋领导者应该主动提高对自我的要求，在虚心接受反馈意见的同时，做出改变和自我提升。

新晋领导者如何接受反馈并做出回应？

前面我们讲到了新晋领导者克服过度自我防卫心态的一些方法，但这还只是接受反馈的第一步。除了要在心理上接纳团队成员的反馈意见外，新晋领导者还必须对这些反馈做出有效的回应，让团队成员觉得他们的建议是有价值的，是为团队的持续发展做出了贡献的，这样才能让他们产生强烈的团队归属感。那么，怎样做才算有效地接受反馈并回应呢？这里我们提出以下几点建议。

1. 保持双赢动机

新晋领导者必须意识到自己与团队成员之间的关系是长

期的相互依赖的关系。史蒂芬·柯维（Stephen R. Covey）在《高效能人士的七个习惯》（*The Seven Habits of Highly Effective People*）中曾写道："长远来看，不是双赢，就一定是两败俱伤，所以我们才说，只有双赢才是在相互依赖的环境中唯一可行的交往模式。"[1] 面对其他人的反馈时，我们要看到对方的需求，他们反馈的背后往往是想要"双赢"——既有利于公司，也有利于自己。作为新晋领导者，要时刻关注团队成员双赢的需求，这是你在向员工表明你是可以帮助他们成功的人，也是员工能发挥持续效能的基础之一。

2. 平复情绪

有时候，由于一些特殊的原因，团队成员在向新晋领导者反馈意见时，会带有焦急或者气愤的情绪。员工的情绪可能会直接带动某些新晋领导者的情绪波动，从而让新晋领导者无法展现出自己的同理心。在这种状态下，新晋领导者如果立即回应反馈者，很可能是情绪化、效果不佳的。所以遇到这种情况，新晋领导者通常不要急于回复，而是应该先停下来平复一下自己的情绪，让自己的意识在外界刺激与回应之间留下一个空间。不要让自己因感觉受到了攻击而变得不理性，做出错误

1　史蒂芬·柯维：《高效能人士的七个习惯》，高新勇、王亦兵、葛雪蕾译，中国青年出版社，2018，第178页。

的判断。意义治疗与存在主义分析理论的提出者维克多·弗兰克尔（Viktor Frankl, 1905—1997）曾经说过："刺激和反应之间有一段间隔。在那段间隔里，我们有力量选择如何反应。我们的成长和自由，就体现在我们的反应之中。"[1] 新晋领导者面对对方情绪激动，或者感到自己被对方语言刺激时，可以采用深呼吸、喝口水、起身走一走或者换个环境等方法，创造一个情绪缓冲的空间。

在面对情绪激动的团队成员时，新晋领导者除了让自己平静下来，还需要帮助平复团队成员的情绪。这一点也是非常重要的。团队成员只有在激动的情绪平复之后，才能够听进去你对他反馈的回应。这时候新晋领导者的身体语言是让对方情绪平复下来的有效果工具之一，例如你可以微笑着注视他，然后找一个安静的地方让他坐下来和你慢慢谈。

3. 多用正面的语句回应

对于团队成员提出的改进性的反馈意见，新晋领导者在回应时要多使用正面的语句，这样可以显示出你已经接受了团队成员的意见。比如你可以说："感谢你提出的这个问题（建议）。"这里说的"感谢"，是感谢他对自己的信任。试想一下，如果团队成员有了意见不向领导者反馈，他就有可能带着满心

---

1 迪恩·林赛：《成长的挑战》，朱燕楠译，中国商业出版社，2012，第103页。

的疑虑找别的同事去抱怨，这样不仅会直接影响团队氛围，也会降低领导者的影响力。所以，作为新晋领导者，一定要感谢团队成员信任你，愿意跟你吐露心声。

除了向提出反馈意见的团队成员表示感谢，还有很重要的一点就是要关注反馈者的情绪。通常来讲，团队成员找你来提意见时情绪都不会很平和，而且大部分时候是因为感到不公平来发泄情绪的。新晋领导者要意识到，出现这种情况肯定有自己管理疏忽的地方，所以要主动表达感同身受的歉意。例如，你可以说："真的抱歉，没想到我的这个安排会让你如此焦虑……"这样做可以帮助对方慢慢平复情绪，也有助于双方理性地交换意见。

另外，新晋领导者还可以对团队成员提出的合理反馈给予积极正面的评价。比如你可以对他们说："这个建议很有意义，非常有利于我们的下一步工作。"这种从语言上肯定的方式，可以让团队成员获得一种存在感和荣誉感，从而在工作中更加投入，充分发挥自己的主观能动性。

4. 合理使用开放性的提问

很多人不擅长提供明确的反馈意见，所以当团队成员给新晋领导者反馈的信息不够清晰、模糊，甚至令人困惑时，新晋领导者可以向他们提出开放性的问题。这样做一方面表示你愿意接受他们的意见，另一方面也能帮助你厘清相关信息。例如，你可以问："这对你有什么影响？""请再详细说说！"在询问过程中，新晋领导者要善于使用积极的聆听技巧（比如注意对方的情绪、重述对方所说的重点内容、集中注意力聆听等），表示自己重视并了解对方的观点。询问时要持有轻松的态度，保持眼神接触，展现出对对方反馈的内容的重视，鼓励对方继续表达。询问不仅可以了解更多的信息，也代表了领导者对对方的情绪感同身受，是真的关心团队成员，也是真心想帮他走出困境。同时，询问也可以让领导者自己的情绪更好地平复下来，从而给自己更多的时间去思考如何更好地回应。

5. 避免落入背后讨论他人的陷阱

有时新晋领导者为了让提出反馈意见的员工有好的感受，会很容易让对话落入讨论某一名不在场员工表现的情境中。比如承诺提反馈意见的团队成员对其他不在场成员的管理方法，甚至许诺一些对其他不在场成员的惩罚措施等。殊不知，这种背后讨论其他团队成员回应反馈的方式，无形中会增加员工之间的合作障碍。因此，新晋领导者在回应反馈时要注意语言表达的内容和方式，避免落入这种背后讨论其他团队成员情况的陷阱。比如你可以说："我和某某正在设法解决，但我不能跟你说得太细。"也就是避免将第三者引入当前的对话中，引起其他不必要的矛盾。

6. 主动寻求反馈

除了被动回应团队成员的反馈意见，新晋领导者也需要主动向他们寻求某些工作上的反馈。需要注意的是，新晋领导者在主动寻求员工反馈之前，要想清楚具体寻求哪方面的信息，不要盲目地去找员工寻求反馈意见，不然容易造成对方不知所措。提问要有针对性，问题过于宽泛也会导致反馈内容太过宽泛，从而无助于解决具体的问题。比如，新晋领导者可以寻求关于提高自己领导技能方面的反馈意见，像如何设定团队目标、如何辅导团队成员、如何授权和激励他们等。

7. 以实际行动来回应反馈

新晋领导者在主动接受团队成员给出的反馈意见之后，还应当采取相应的实际行动，这是对团队成员反馈最有力的回应。领导者对反馈所采取的行动，是展现自己对员工乃至团队未来发展的承诺，也是大胆承认自己有改进空间的勇气，体现了领导者宽广的胸怀，而这也会成为团队成员的榜样，有助于提高领导者的影响力，促进团队建设。

最后，笔者要跟各位新晋领导者说的是，反馈对于新晋领导者成长的价值，就像饮食对于运动员的营养价值一样。运动员要想取得好成绩，训练很重要，而合理、全面的营养补充更关键。俗话说"三分练，七分吃"，就是这个道理。同样，一名新晋领导者要想快速提高团队绩效，除了加强练习自身领导技能外，虚心接受团队成员的反馈这种"营养物质"，也可以减少自己的发展盲区。同样，新晋领导者也要将这种成长的营养物质回馈给员工。

所以新晋领导者获取的反馈越多，就越能更加全面精确地了解员工如何看待自己以及如何强化自己的领导技能，也就越能够明确回答员工"扎心三问"中的"你是谁"这个永恒的问题。同时，新晋领导者能够主动寻求反馈，也是告诉团队成员：我们是一个团队，人人都有提高的空间。这也是打造团队透明文化的有效方法。总之要让团队成员明白，你是一名坦诚、开放的领导者，以此提高他们的归属感，同时扩大自己的影响力。

> **本章重点** <

人类是一种需要让自恋情绪得到满足的生物，每个人都或多或少地觉得"自己是最好的"。一旦这个假设受到威胁，人就会不由自主地采取自我保护式的回应，在心理学上这叫作"自我防御机制"，也可以称为"防卫心态"。

尽管负面评价会令人痛苦，但作为新晋领导者，应时常关注团队成员如何评价自己的表现，这样自己才会有所提升。人的提升往往容易发生在自己能力有所欠缺的领域。

如果拒绝接受团队成员的改进性反馈，新晋领导者就很难得到有价值的信息，团队其他成员也不愿意和新晋领导者进行更多交流，这会严重影响到他们的归属感。

自我练习

请根据你的情况给自己打分，在表 6 中右边评分栏勾选相应的分数，最后将各项分数相加，得分越高，表明你越能接受团队成员的反馈。（1 分代表"强烈反对"；2 分代表"反对"；3 分代表"不确定"；4 分代表"赞同"；5 分代表"非常赞同"）

表 6　接受反馈度自我评估表

备选项	评　分				
寻求各方对自己领导力表现的反馈	1	2	3	4	5
接纳改进性反馈并采取相应行动	1	2	3	4	5
承认自己的缺点	1	2	3	4	5
对自己要求高	1	2	3	4	5
在猝不及防、不知所措的情况下能够停下来反思	1	2	3	4	5
即便没有工作项目，也与团队成员保持联系	1	2	3	4	5
在提出自己的建议之前，充分听取团队成员的意见	1	2	3	4	5

第六章

成为伯乐

全能的天才一直是稀缺的。人类的经验充分表明，唯一供应充足的是芸芸众生。因此，我们将不得不在组织中使用最多只有一技之长的人。我们会发现除了这一技之长，他们在其他方面只是平平而已。

——彼得·德鲁克《卓有成效的管理者》

在本书第四、第五章中，我们讨论过一名值得团队成员追随的催化型领导者，其影响力来自清楚地认识到"你是谁"，一是用自己的"正直可靠"让员工有安全感，二是以"主动寻求反馈"让员工有归属感，这两点是新晋领导者向员工展示自己"存在于团队"的方式。本章我们来讨论打造催化型领导者影响力的第三个关键要素——成为伯乐。新晋领导者在日常工作中能够随时帮助团队成员发挥自身优势，而不是一味证明自己能力强；能让团队成员切身感受到你在帮助他们成长与成功，而不是为了自己的成功强迫他们服从。接下来笔者将从"为什么新晋领导者要做伯乐"和"新晋领导者如何成为伯乐"两方面展开论述。

为什么新晋领导者要做伯乐？

每个人都既有自己的优点，也有自己的缺点。在管理中，我们把能根据每位员工的优势，鼓励员工大胆尝试从而获得成功和进步的领导者称为"伯乐式领导者"。这类领导者在工作中善于发现员工的优势，并用其所长，避其所短，而不是热衷于找员工的不足，一味给予批评指责。先有伯乐，然后有千里马。伯乐式领导者比人才本身更难得，他们对员工最主要的影响力，是基于帮助员工找到自信和成就感。以下几点回答了新晋领导者为什么要将自己打造成伯乐式领导者。

1. 减少员工的挫败感，提高员工的敬业度

全球性管理咨询公司美国合益集团（Hay Group）的效能专家马克·罗伊尔（Mark Royal）和汤姆·安格纽（Tom Agnew）合著的《别把你的好员工推开》（*The Enemy of Engagement*）中，揭示了被多数领导者长期忽略的"绩效隐性

杀手"——职场挫败感，即在一个企业内部，员工因企业或领导者的原因，在工作中难以充分施展个人才华、技巧和能力，从而不能顺利完成本职工作的情况。

新晋领导者需要借助他人之力实现团队工作的成果。如果你不能发现员工的优势，不能知人善任，就不仅不能帮助员工克服职场挫败感，反而还会助长员工的消极情绪，这样员工的敬业度和工作效能自然会大打折扣。

下面举个真实的例子。

某公司一名销售代表最近打算从公司离职，他跟笔者说每次参加公司的销售会议时，经理总是喜欢表扬那些性格开朗、善于交际的同事，虽然做销售需要这些特点，但像他那种比较内向、平时不爱言语的人就觉得很有挫败感。

笔者问他："那你觉得自己目前有什么优势吗？"

他说："我的逻辑分析能力很强啊，我喜欢研究事物的来龙去脉，分析影响局面的诸多因素，甚至到了挑剔的程度。"

笔者接着问："这个优势有帮助到你做好销售工作吗？具体是怎么帮助的呢？"

他说："每次向客户介绍产品时，我都会使用大量的数据信息，这些信息不仅来自我们公司，也包括我从市场上搜集的，以便给客户做购买决策提供更多的判断依据。客户对我提供的帮助非常满意，这也可以让我更好地达成工作目标。但我们经理对我这些特点只是做了简单的肯定，更多的还是说让我改掉内向、不善言辞的毛病，希望我更开朗、更善于沟通。难道做销售就一定要能说会道吗？我现在对自己的工作已经没有热情了，一想到要回到团队中就感到很压抑。"

通过这个例子，可以看到这位员工的领导的出发点并没有恶意，甚至就是我们经常说的"为员工好"，"帮助员工改正缺点，从而更加完善"。殊不知，这样的管理方式反而会扼杀一些员工的工作热情，降低领导者在员工心中的影响力。关于内外向性格，沃顿商学院教授亚当·格兰特（Adam Grant）在《哈佛商业评论》（*Harvard Business Review*）上发表过一篇针对内向型领导的论文，提出内向型领导者如果能合理运用自己的性格特点和优势，就可以在合适的工作环境下获得和外向型领导者一样甚至更高的工作效率和人际关系收益。可见，性格的内外向并没有绝对的好坏之分。领导如此，员工亦是。纵使某一种性格的人在担当一些职能时具有优势，也不全然如此。不恰当的管理如果扼杀了员工的工作热情，最直接的结果就是员工调岗或离职。盖洛普咨询公司 2016 年的《全球职场环境调查报告》（*State of the Global Workplace*）显示，有一半的美国职场人士曾为了离开上司而离职，这从侧面印证了"来时看公司，走时看领导"这句话的正确性。作为一线管理者，很多新晋领导者会认为员工离职无非就是嫌薪酬低、晋升慢，而自己对薪酬和岗位调动没有太多的发言权，可谓爱莫能助。但实际情况往往并非如此，很多员工离职的直接原因跟自己的主管领导者密切相关，这一点很容易被许多新晋领导者忽略。

多年的培训、咨询经验告诉笔者，新晋领导者更容易给员工带来挫败感。第一次担任领导者的人要想获得成功需要一个重大的转变，即他们的工作成果不再是通过自己亲自做去获得，而是通过团队成员和团队的努力去获得。新晋领导者需要顺应这些新的形势。当然这并不容易，因为他们大多是业务出身，擅长利用自身专业技能完成任务，但并不熟悉如何了解和满足员工的需要和期望。而且一个人的领导风格一旦养成是很难改变的，纵使新晋领导者以后发展晋升为更高级别的领导者，也可能依旧会发现，不论自己在哪个阶段，碰到的管理问题都是大同小异的，但那时造成的不良影响将成倍增加。

北森人才管理研究院发布的《2019—2020 中国企业敬业度报告》显示，中国企业的员工敬业度水平为 67.6%，有 71.7% 的员工认为"直接上级的管理"是影响自己敬业度的核心因素之一。怎样才能有效帮助员工成长呢？最好的办法就是发挥员工各自的优势，让优势成为员工强大的依靠。只有充分发挥自身优势，员工才能持续做好工作，他们的敬业度和效能才能持续保持优异的状态。

2. 发展人，而不是改造人

传统的人才发展理念通常基于这样的思维：如果我们擅长做某件事，那么我们需要保持在这一方面的优势，同时努力去弥补自己的劣势。所以新晋领导者很容易在日常管理中只关注员工的问题或者劣势，认为只要指出员工的错误之处并帮助他们改正，就是帮助他们成长。这种把焦点放在员工弱点上的管理方式，容易导致员工自信心受挫，甚至消极怠工。

而优秀的领导者早已意识到，让员工完全克服自身弱点是行不通的，也是不可能的。要知道人的弱点不可能完全克服，但人的优势却可以无限发展。彼得·德鲁克对想要成为一名卓有成效的管理者的建议是："有效的管理者能使人发挥其长处。他知道只抓住缺点和短处是干不成任何事的，为实现目标，必须用人所长。"[1]

优势心理学"优势理论之父"唐纳德·克利夫顿（Donald Clifton）博士在多年研究企业成功员工的特点后，总结出了34个高频率的才干主题词。后来盖洛普咨询公司将其做成了一套测评系统——克利夫顿优势识别器，以帮助人们识别自己的优势才干。盖洛普咨询公司提出：

（1）那些了解自身才干并且有机会在工作中运用才干的人，其对工作的敬业度是其他人的6倍。

（2）那些了解自身才干并且有机会在工作中运用才干的人，拥有高品质生活的可能性比其他人高3倍。

1　彼得·德鲁克：《卓有成效的管理者》，许是祥译，机械工业出版社，2005，第53页。

（3）每天都能发挥自己优势的人，其工作效率比其他人高17.8%。

克利夫顿博士做过一个优势测试：团队跟踪测试了超过1 000名参加阅读能力训练班的学生，来衡量训练成效。在训练前，团队对所有学生都做了阅读能力初始测试，此后对这些学生进行了为期3年的阅读理解训练，训练结束再次测试学生的阅读能力。测试结果显示：初始阅读速度较慢的学生，在一开始的阅读速度为平均每分钟90个单词，经过训练后，他们的阅读速度能提高至平均每分钟150个单词；而初始阅读速度快的学生，一开始的速度是平均每分钟350个单词，经过训练后，他们的阅读速度猛增至平均每分钟2 900个单词。

上面这个阅读能力训练提升测试的例子，能给新晋领导者带来什么启示呢？

首先，通过特定训练，每个人的某些能力都是可以得到提升的。所以，新晋领导者在日常管理中要注重加强对团队成员的培训、指导和反馈。注重培训员工的领导者会引导团队成员更好地提升工作能力与工作成效。

其次，同一训练对于不同的人，效果是有差异的。从这个阅读能力训练的案例中可以看出，训练对于不同能力水平的学生所产生的提升效果是明显不同的，具备高才干的学生经过训练发生了巨大变化，而普通学生的变化则较小。

所以，新晋领导者应该针对不同员工"因材施教"。实际上，团队中的每个人都有自己的优势领域，也有自己的劣势领域，团队成员在工作中重点训练自己哪个领域，其效果也是千差万别的。一名伯乐式领导者要在日常管理工作中帮助员工发现他们各自的优势领域，然后在工作安排上尽量让每一名员工发挥自己的优势。安排同样的工作给不同的员工时，多鼓励他们用自己擅长的方式完成，这样才能够将每个人的潜力发挥到最大，促使团队取得更大的成功。

3. 改善弱点可以避免失败，专注优势才能造就卓越

在畅销书《盖洛普优势识别器 2.0》（*Gallup Strengths Finder 2.0*）中，汤姆·拉思（Tom Rath）写道："我们所生活的这个世界一直以来所倡导的便是改善劣势，这已让我们厌倦不已。整个社会对于人的弱点的不懈关注更是已经发展成了一种病态的执着。然而，我们研究发现，只有当人们投入更多的精力来发展自身优势，而不是改善劣势，才更有可能成长、成功。"[1] 对于很多人来说，对自身弱点的害怕压倒了对自身优势的信心，所以，他们对自身的优势熟视无睹，反而认为弱点才是应该去关注和弥补的。

新晋领导者要认识到，提醒团队成员设法控制自身的弱点

1　汤姆·拉思：《盖洛普优势识别器 2.0》，叶琳译，中国青年出版社，2014，第 5 页。

虽然有时确有必要，但只能帮助他们避免失败，而不能帮助他们出类拔萃。迈克尔·波特（Michael E. Porter）曾在其著作《竞争优势》（*Competitive Advantage*）中强调，竞争优势是所有战略的核心，获得竞争优势要求企业做出选择。企业若要赢得竞争优势，就必须选择其竞争优势的目标以及活动范围。员工的发展也是如此，如果他们知道自身的优势领域，就要在日常工作中展现出来，并通过刻意训练进一步加以巩固，这样才能达到理想的效果。新晋领导者加速发展人才的含义是用人之长，真正帮助员工关注并进一步提高他们的长处，确保其在自身擅长领域的绝对优势。

新晋领导者如何成为伯乐？

新晋领导者应该知道，自己的成功必须依赖团队成员的成功。因此，作为新晋领导者，重要的角色之一就是要成为一名伯乐，即要在日常工作中有意识地发掘、有针对性地培养并强化团队成员的才干，帮助他们成功。新晋领导者可以从以下几步入手，让自己日渐具备一双善于发现的眼睛。

第一步：发现团队成员的才干

首先，新晋领导者要善于观察团队成员，看他们做哪些事情是自愿而又轻松的。发现这些线索后，可以暂且定义其为表层技能，表层技能代表着这名员工具备一定的能力。比如，小丽喜欢做数据处理工作而且做得不错，那么她可能对数字比较敏感。表层技能背后可能隐藏着分析、逻辑思维等才干。

新晋领导者要想全面认识自己团队成员的能力，除了要熟悉他们已知的特点，还需要了解其未知、隐藏的特点。可以借助"乔哈里视窗"辅导法作为发现员工潜能的工具。"乔哈里视窗"从自我与他人两个视角来评估对"我"的认知，总共分为四个部分：开放区域、隐蔽区域、盲点区域与未知区域。（见图 3）

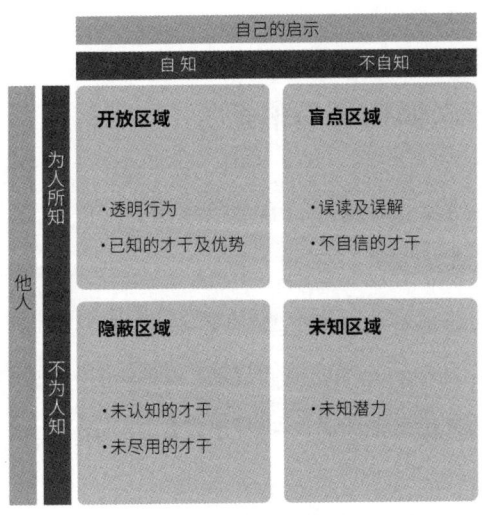

图 3　乔哈里视窗

乔哈里视窗的第一部分（图 3 左上角）是开放区域，对应

"开放我"，这一区域是自己和别人都知道的内容。也就是员工自己与团队领导者都知道的关于员工的一些信息，比如性别、外貌、年龄、兴趣、爱好等。对于领导者来说，掌握开放区域员工信息的目的是了解员工的成长和发展意向，帮助员工找到好的发展方案，从而充分发挥员工的优势。

领导者在针对团队成员的开放区域进行辅导时，要注意通过自我观察和与其交谈等方式确认以下信息：该成员的"个人品牌"（最具代表性的特质）是什么？该成员最大的成就是什么？该成员所知道的自己的优势和弱点有哪些？他人（同事和领导）会用哪些词形容该成员的优势？他们将如何描述该成员的弱点？该成员认为其最出色的优势有哪些？该成员可以实施哪些策略让自己在工作职责内更大程度地利用自身优势？

乔哈里视窗的第二部分（图 3 左下角）是隐蔽区域，对应"隐藏我"，这一区域是自己知道而别人不知道的内容。适度的内敛和自我隐藏，给自我保留一个隐蔽私密的心灵空间，是一个人正常的心理需要；但如果"隐藏我"的内容太多，就会阻碍外界与自己真实有效地交流与融合，这样既压抑自我，也令周围的人感到压抑，容易导致误解和矛盾，成为人际交往的障碍。因此，新晋领导者需要帮助成员找到更多方式、创造更多机会，让他们展现自身优势，让其他人认识到他们未显露的技能。

领导者在针对团队成员的隐蔽区进行辅导时要注意：该

成员是否有其他人未知的优势？该成员是否倾向于人为压制自己的某些优势？为什么？阻止该成员在此方面展示自我的因素有哪些？该成员的优势是否在某些时候对工作或需要发展的人际关系有不利影响？（因为有时候，一个人的最大优势也会成为他发展的阻碍。）如何帮助该成员营造一个能展示自己优势的环境？

乔哈里视窗的第三部分（图3右上角）**是盲点区域，对应"盲目我"，这一区域是自己不知道而别人却知道的内容**。因为事先不知、不觉，所以当人们被告知自己具有某些特点时，都会感到惊讶、怀疑或开口辩解。因此，新晋领导者需要帮助团队成员认识到别人能看到而不自知的这些特质，再以开放坦诚的心态面对他人的反馈，并从内心深处去接纳自己的这些特质。

领导者在针对团队成员的盲点区域进行辅导时应注意：该成员认为他人需要了解自己哪些方面，才能更好地认识自己？该成员如何能更清楚地了解自己的价值观、行为动机？该成员应考虑的自身潜在盲点或闪光点有哪些？如果领导者请其他成员描述该成员的优势（在该成员不在场的情况下），他们会说什么？其他人将如何描述该成员的弱点？该成员常收到的建设性批评有哪些？该成员采取了哪些措施将这些反馈融入了工作之中？

乔哈里视窗的第四部分（图3右下角）**是未知区域，对应"未知我"，这一区域是自己和别人都不知道的内容，有待发**

现和挖掘。这通常是员工的一些潜在能力或特性，以及需要经过训练或学习才可能获得的知识与技能，或者在特定的条件下才会展示出来的才干。领导者帮助团队成员探索和开发"未知我"后，团队成员才能更全面而深入地认识自我、激励自我、发展自我、超越自我。

领导者在针对团队成员的未知区域进行辅导时应注意：该成员有哪些能够应用到工作中的特质？如何最大限度地利用该成员自身的才干和潜力？

领导者还可以和团队成员一起讨论以下话题：该成员最近取得了哪些成就，并请其分析是什么促成了他的成功？该成员可以采取哪些策略，让自己在工作职责内更大限度地利用自身的优势？

第二步：验证员工才干

比尔·康纳狄（Bill Conaty）和拉姆·查兰在《人才管理大师》（*The Talent Masters*）中提出：人才管理大师都会将良好的判断制度化。他们的"相人本领"是通过不断实践获得的。他们会不停地观察，其观察所得会跟过往的标准比较，他们还会比较各种不同的人，就像比较具体的数字一样。[1]

---

1 比尔·康纳狄、拉姆·查兰：《人才管理大师》，刘勇军、朱洁译，机械工业出版社，2012，第28页。

新晋领导者对某个团队成员的才干有了初步的了解、定位和设想，去求证自己的定位、设想是否正确的方法有多种。比如可以去问其他同事，看看他们对于该成员的看法、期待与你的定位、设想是否一致，也可以直接求证员工本人，问他是不是觉得自己擅长某一方面的工作、是不是能胜任这方面的工作。

另外还有一个非常好的验证团队成员才干的途径，就是与企业人力资源相关人员进行规律性人才评估。在做了评估验证后，新晋领导者要给团队成员安排挑战性任务，做到人尽其才。

第三步：知人善任

新晋领导者发现员工某一方面的才干之后，就可以在合适的时候安排其到能够展现其才干的岗位上去，进一步拓展其才干和相应的能力。古人在选拔人才时，就讲究"成器不课不用，不试不藏"，意思是不起用未经考察的人才，而没试用过的人才也不作为储备人才。对于领导者来说，识人乃是非常必要的学问，只有在真正了解团队成员才干的基础上，才能把团队成员放在相应的岗位上，做到人尽其才。

我们先看看以下几种领导者错误安排团队成员工作的情况：有些员工非常喜欢结交新朋友，能够在人际交往中主动打破沉默，与他人建立联系，并从中得到满足，但领导却安排他们做一些文字、数据处理之类的工作；有些员工每做一个决定或选择时均慎之又慎，会周密考量所有可能遇到的困难，但所处的岗位却是每日要处理很多突发事件；有些员工有旺盛的求知欲，渴望通过学习提高自我，令他们激动的是不断面对新奇刺激的任务，但是领导者却分配给他们枯燥、简单、重复性的工作；有些竞争性强的员工偏好参照他人的表现来衡量自身的进步，他们力争第一，非常享受竞争带来的喜悦，但偏偏被安排去做各种没什么竞争力的工作。如果领导者日常是这样安排团队成员工作的，这些员工的状态可想而知。

因此，要想成为一名合格的领导者，就应该根据团队成员的不同特质、不同优势领域和劣势领域，把合适的人尽量安排在合适的岗位上，这样才能最大限度地激发每一位团队成员的工作效率。

拉姆·查兰在《领导梯队》中提出的 21 世纪领导者六大主要能力特征之一，就是擅长识人、用人、育人。因此，在日常工作中，新晋领导者需要做的是，弄清楚某员工负责哪一项任务可以让他承担更多责任，以最大限度地利用他的优势。从发现团队成员才干到真正发挥优势，需要不断地锻炼，这其中团队成员会遇到一些自身确实解决不了的问题。作为伯乐式领导，新晋领导者要定期了解他们，帮助他们解决一些实际困难。

第四步：提高团队成员的信心

关于如何成为伯乐，新晋领导者在发挥团队成员优势时，还要有意识地提高团队成员的信心，具体包括以下几点。

激励他们的表现和士气。通常情况下，员工不太相信自己的优势，有时会对领导者安排的工作信心不足。领导者需要不断给员工提供反馈，这种反馈专注于其优势行为带来的结果，让团队成员相信自己，从而更大胆地去展现自己的能力。如果领导者只是嘴上说相信员工的优势，而没有及时给予其有效的行为反馈，那么员工最终还是会更关注自己的"缺点"。

相信他们的长处，对团队成员的优势表达信心。这一点我们从很多成功人士的成长经历中也能看出，他们最后能够发挥自身优势取得骄人的成就，离不开一些伯乐在关键时候给予他们的信心及支持。所以想成为一个伯乐式领导者，就要在关键时刻展示出自己对员工优势的信心及支持。

凝聚团队，朝共同目标迈进。互补的团队最有战斗力，团队中的每个成员都在利用各自不同的优势各显神通，这样的团队在具备多样化的同时也能更容易达成团队目标。新晋领导者要有意识地让团队成员分享自己的优势，成员彼此间多一些肯定和赞美。只有这样，每个成员才会觉得团队是一个大家庭、一个大舞台，从而创造出优秀的业绩。

　　要想成为伯乐，新晋领导者就要相信自己存在的主要价值之一，即帮助团队成员在工作中找到自身优势并充满自信地展现出来。新晋领导者能做到成人之美，那么这份职业的快乐与成长也会随之而来，你也会在实践中越来越明白员工"扎心三问"中的"你是谁"这个问题背后的真正含义。

> **本章重点** <

　　传统的发展理念基于这样的假设：如果我们擅长做某件事，那么我们需要保持在这一方面的优势，然后努力去弥补自己的劣势。所以很多新晋领导者在日常管理中只关注员工的问题或者劣势，从而忽略了发挥员工的优势与才干，使员工缺少发展长处的机会，导致员工自信心受挫，甚至消极怠工。

　　新晋领导者要相信团队成员的才干，并将其才干作为发展计划的一部分，形成他们的优势领域，给他们带来成就感，从而提高他们的敬业度。

　　新晋领导者要想全面认识自己的团队成员，除了需要熟悉他们已知的特点，还需要认识其未知、隐藏的特点。新晋领导者可以将"乔哈里视窗"辅导法作为发现员工潜能的工具。

自我练习

　　请根据你的情况给自己打分，在表 7 中右边评分栏勾选相应的分数，最后将各项分数相加，得分越高，表明你越可能成为一位伯乐式领导者。（1 分代表"强烈反对"；2 分代表"反对"；3 分代表"不确定"；4 分代表"赞同"；5 分代表"非常赞同"）

表 7　伯乐式领导者自我评估表

备选项	评　分				
培养他人的天分与才能	1	2	3	4	5
依他人的能力和兴趣指派工作任务	1	2	3	4	5
激励他人的表现和士气	1	2	3	4	5
相信他人的长处	1	2	3	4	5
凝聚团队，朝共同目标迈进	1	2	3	4	5

第三部分

"三力" 模型之
角色力

"我太忙了！怎么什么事情都找我？"

"问题层出不穷，'按下葫芦浮起瓢'。"

"团队成员太不给力了，说半天他们也听不明白！"

"团队成员该办的事情不办，不该办的瞎办。"

"公司目标总是在变，让我怎么去和团队沟通这些朝令夕改的任务？"

以上是笔者在企业做咨询时，很多新晋领导者对他们目前工作及团队成员抱怨最多的问题。但是据笔者观察，新晋领导者看似忙碌，实际上却只是被一个又一个问题牵着鼻子走的"工具人"。这样的工作状态就好似猛火在炉灶里一直烧着，锅里的汤沸腾不止，而这些领导者所做的只不过是在锅台上"扬汤止沸"，很容易陷入"盲——盲目""忙——忙碌""茫——茫然"三重陷阱。这些现象在那些即便已经晋升多年的领导者身上也是屡见不鲜。那么究竟是什么原因让一名员工（无论他是从事技术还是市场销售）转型成为团队领导者后，出现工作虽然忙碌却毫无成就感的现象？在本书的第三部分，让我们一起来讨论新晋领导者如何做好角色的视角转换，从而做到忙碌且有意义。

　　北京大学国家发展研究院宫玉振教授在其所著的《善战者说》前言里有一段对企业战略的论述，这些话在新晋领导者的日常管理中也同样可以作为参照："什么是战略？战略首先是一种思考方法。它是为了达成一定的目标，在特定的环境下，对自己的资源和能力进行最佳配置和组合的一种方法。它的目的就是，通过系统的思考，来对你影响未来的选择进行取舍，并以此指导你的决策……清晰的战略才会让你赢得决定性的胜利。如果你把精力和资源用错了地方，那就是纯粹的浪费。因为这些精力和资源本来是可以用在解决更关键的战略问题上，从而得到更有效的利用的。"[1]如果新晋领导者没有清晰的目标，就会导致把自己的精力和资源用错地方，造成不必要的浪费。

　　彼得·德鲁克在《卓有成效的管理者》中就将这种看似忙碌实际是浪费资源的现象描述得很到位："管理者的时间往往只属于别人，不属于自己。如果我们从工作的情形来替管理者下一个定义，我们简直可以说他是组织的囚徒。每一个人都可以随

1　宫玉振：《善战者说》，中信出版社，2020，第24页。

时来找他，而事实上每个人也正是这么做的。"[1]这是管理者非常常见的困境，但我们要清晰地知道，领导者不要做"组织的囚徒"，而是把时间花在至关重要的事情上。

在本书前言里，我们讨论了新晋领导者工作和工作计划所面临的挑战。如果在工作中采取"来了什么就做什么"的态度，不去采取行动做出改变，那领导者就会处于穷于应付各种日常工作的状态，这只会浪费他们的时间和精力。

新晋领导者置身于一个企业中，这使得唯有其他人得益于他的贡献时，其管理才有效。这就要求新晋领导者要做到不断进行跨部门沟通，协调不同部门之间的工作，使之具有成效。

同时，新晋领导者需要有战略高度和市场竞争意识，这样才能快速将团队目标与企业目标统一在一起。

新晋领导者把时间花在哪些事情上，基本就能反映出他的工作重点，折射出他的角色认知，这也直接影响到他是否能成为催化型领导者。那么，哪

1　彼得·德鲁克：《卓有成效的管理者》，许是祥译，机械工业出版社，2005，第8页。

些角色视角是新晋领导者需要转换的呢?

在全球管理界享有盛誉的管理学大师亨利·明茨伯格(Henry Mintzberg)在《管理工作的本质》(*The Nature of Managerial Work*)一书中这样解释角色:"角色这一概念是行为科学从舞台术语中借用过来的。角色就是属于一定职责或地位的一套有条理的行为。"[1]然而根据他自己和别人的研究成果,领导者并没有依据通常认为的那样按照职能来工作,而是处理了很多别的工作。亨利·明茨伯格将领导者的角色与工作之间的关系做了以下界定。

人际角色:直接产生自领导者的正式权力。领导者需要扮演一些礼仪性质的角色,需要领导员工共同为企业目标而努力奋斗,也要与企业内个人、小组一起工作,并与外部利益相关者建立良好的关系。

信息角色:决策的关键是对信息的把握,领导者负责确保和其一起工作的人拥有足够的信息,从而能够顺利完成工作。整个企业的人依赖管理结构

---

1 亨利·明茨伯格:《管理工作的本质》,方海萍等译,浙江人民出版社,2017,第72页。

和领导者以获取或传递必要的信息。从根本上来说，领导者必须为企业的信息畅通负责。

决策角色：领导者要做出决策，让工作小组按照既定的路线行事，并分配资源以保证计划的实施。领导者要做企业运转故障的排除者，危机事件的处理者，还要作为谈判者，与各种人和企业讨价还价。

在笔者看来，新晋领导者角色转变的核心是对领导岗位职责认知的转变。认知几乎是人和人之间唯一的本质差别，正如一个人永远赚不到超出其认知范围的钱，领导者永远取得不了超出其认知的成就。技能的差别是可量化的，技能累加再多，也只是工种熟练程度差异而已；而认知的差别则是本质的，是不可量化的。

接下来我们会解读三个管理角色视角的全新认知，帮助新晋领导者更好地做到以上角色的转换，即从个人贡献者到通过他人实现目标的团队领导者。这三个全新认知分别如下。

团队视角：指的是领导者从关注自我的能力展现转到关注团队内部成员如何同心协力的能力；

协同视角：指领导者从关注团队内部互动转到关注与其他团队互动以及自己的团队如何融入整个企业；

企业视角：指的是从只关注个人及团队目标转到关注公司为了适应外界环境变化需要制定的新策略及目标，以及思考团队目标如何与企业目标保持一致，做到要事第一。

如何理解这三个视角与新晋领导者日常工作之间的关系呢？

以一座 100 层高的建筑为例，团队视角就好像站在 3 楼往下看，你能看到楼下每个行人清晰的面孔，具有这种视角的领导者意味着在日常管理中，他已经从一个只能看到自己能力的水平视角提升到能够看到团队中每名成员不同特点的高一层视角。在这个视角下，新晋领导者每天的工作需要围绕帮助团队成员的成长而展开，思考如何帮助团队成员达成目标。

协同视角就好像你从 3 楼走到了 30 楼，此时往下看，虽然你看不到楼下每个人的面孔，但放眼望去，能看到的是不同的街道纵横交错、楼宇鳞次栉比。这就好比作为一名领导者，在企业内不但要看到自己团队每一名员工的工作状况，同时还要看到不同的部门、团队之间的协同状况。在当今这个数字化时代，每一家公司都面临着客户需求的不断变化，企业内任何一个部门都无法依靠单打独斗的方式来满足客户需求，必须通过跨部门协同来整合出更多的有效资源来满足客户需求。

再想象一下，如果你登上了100层的楼顶，此时你看不到地面上行人的面孔，也看不清纵横交错的街道，那能看到什么呢？相信映入眼帘的是整个城市的面貌，还有更远处的景色。和前两种视角相比，这种视角就相当于企业视角。具有企业视角对领导者来说意味着什么呢？正如前面讲到的新晋领导者的困惑，企业目标的不断变化让他们在管理中经常失去重点，由于任何一个企业都不能独立于大环境，所以企业为了适应环境的发展以及外围竞争的压力，需要不断调整战略目标及改变自身环境。如果新晋领导者具备企业视角，他就会站在企业高层的角度去看待市场竞争环境的变化，提前做出预判，制定出符合企业战略目标的团队目标，并带领团队迎接内外挑战，从困惑于企业目标的快速变化到快速拿出新方案并有力地执行。

以上讲述了新晋领导者在角色转换期要同时具备的三种视角。在第三部分的三章中，我们将重点讨论新晋领导者如何做到转换三个视角，从而帮助组织实现商业上的成功。

第七章

团队视角

在本书前言中，我们曾经提到，商业归根结底是一项团队活动，必须依靠团队的力量。商业活动是以组织的形式完成的，所以不能依靠个人英雄主义，而是要依靠团队的群策群力，集合所有的人员、想法和行动才能完成。

对于新晋领导者来说，在成为领导者之前，只需要听从上级领导安排工作，工作目标只需要与直接上级对齐，按照自己的计划执行即可。这时候他的视角是水平的，大部分价值感是通过与团队其他成员相比得到的。如果工作中面临困难，比如工作进度受阻，采用加班等方式往往就可以补救。这样的角色认知还处在典型的个人贡献者阶段。

但是，开始带团队后，新晋领导者仅靠自己加班等方式就想解决工作中面临的困难，几乎是不可能的。这时候考验的不再是他的专业技术能力，而是团队领导能力。

　　如果一名新晋领导者将其视角从个人转到团队后会怎样呢？还是前面的例子，就像站在 3 楼：首先，他能看到很多可能无法从平地上看到的东西（除了自己，还能看到各式各样的团队成员）；其次，他能清楚地看到自己所带领团队的"后备实力"，也就是不同团队成员具备的不同潜能，以便他在安排团队成员工作时做到优势互补，知人善任；最后，站在这个视角，还可以帮助他发现团队中存在的瓶颈和效率低下等问题，从而能够通过相应的措施提高团队工作绩效，并为团队设定目标，以支持更大的组织目标的实现。

　　具备团队视角的新晋领导者能够清晰地感受到自己的责任，从而想到要去培养团队成员思考问题和解决问题的能力，让团队成员能独当一面，而不是自己取代他们去完成不属于自己的工作。那么，在日常管理工作中，具备团队视角的新晋领导者会有什么表现呢？主要表现有：一是对每一名团队成员的特点了如指掌；二是在日常工作中更有针对性地帮助团队成员成长。

新晋领导者要充分了解团队成员

　　"我不了解他，不知道怎么管。"这是很多新晋领导者常常挂在嘴边的话。的确，新晋领导者带领团队之初，大部分还不能完全清楚地了解团队成员。笔者在很多企业做新经理训练营项目时，都会让他们填写 SWAFOT 分析表（见表 8），这是一张了解团队成员特点的表格，归纳了每一名团队成员的基本情况，包括优势（Strengths）、弱项（Weaknesses）、愿望／渴望（Aspirations）、害怕／恐惧（Fears）、机会（Opportunities）、威胁（Threats）。实际操作下来，90%以上的新晋领导者都无法完整填写这张表。在这种情况下，要有效激发团队成员行动，对他们来说确实是非常大的挑战。

建议新晋领导者使用 SWAFOT 分析表建立团队成员档案，以便领导者随时翻看，熟记于心，再根据每一名团队成员的不同情况采取有针对性的管理方法。

表 8　员工 SWAFOT 分析表

SWAFOT 模块		内　容
优　势 （Strengths）	他／她具备哪些知识／经验？	
	他／她擅长做什么？	
	什么任务能让他／她充分发挥能力？	
	什么事对他／她来说很容易？	
弱　项 （Weaknesses）	他／她缺乏哪些知识／经验？	
	他／她不擅长做什么？	
	什么任务限制了他／她的能力发挥？	
	什么事对他／她来说很困难？	

SWAFOT 模块		内　容
愿望 / 渴望 （Aspirations）	他 / 她喜欢做什么？	
	他 / 她渴望的成功是什么？	
	他 / 她想在短期和长期内实现什么？	
害怕 / 恐惧 （Fears）	他 / 她所担心恐惧的是什么？	
	他 / 她讨厌做什么？	
	他 / 她心里害怕的失败是怎样的？	
机　会 （Opportunities）	哪些团队内外部趋势对他 / 她的工作和职业发展可能意味着机会？	
	他 / 她眼里看到并想捕捉的机会是什么？	
威　胁 （Threats）	哪些团队内外部趋势对他 / 她的工作和职业发展可能意味着威胁？	
	他 / 她面对的外部挑战是什么？	

从这张 SWAFOT 分析表中不难看出，用这种方法全面了解每一名员工，不仅能够帮助新晋领导者提升影响力中的"成为伯乐"，而且可以帮助他们看到不同员工的优势。新晋领导

者在给团队成员分配工作任务时，如果采取不同的搭配组合，可以提高团队成员之间的合作效率。

在日常管理中展现团队视角的行动

新晋领导者对团队成员完成第一步的充分了解后，还需要认真思考如何在日常管理中充分展现出对他们的了解，以增强团队成员对新晋领导者的认同感，提高团队的向心力和凝聚力。

下面我们通过一个例子，看看一名国内某大型银行的新晋领导者温军（化名）是如何充分了解团队成员，并根据他们的特点帮助他们建立团队归属感，为团队工作贡献力量的。

小宋是温军经理所带领团队中的一名工作人员，家庭条件优越。在同事眼中，他来上班就是打发时间的，工资多少无所谓，他在团队中的职责是完成他自己手中那点简单的工作。小宋的工作态度早已在团队中达成了一种共识，温军的前任也对小宋的这种工作状态放任不管。但是温军想要改变小宋的这种工作状态，于是找到小宋进行了一次真诚深入的谈话。了解了小宋的基本情况后，他发现小宋其实是一个很有想法的人，只是未能真正融入团队工作中。温军明白，对于小宋这类员工，用奖金这种物质激励的方式是很难成功的。沟通后温军发现，小宋在职业发展上并不是无欲无求的，而是很有期待的。于是，温军用充满诚意的态度向小宋征求意见："下周我们要举行一个项目研讨会，你觉得研讨会要怎么搞呢？"小宋表达了一些自己的看法，温军听后说道："你的想法很不错，我很支持。这样，你能不能按照你的想法来组织这个活动？"在接下来的活动组织中，小宋一直非常积极地参与其中，干得非常出色，令同事们刮目相看。温军能够很顺利调动起小宋的工作积极性，正是建立在他对小宋充分了解的基础上，并运用了恰当的方式来激发小宋的团队归属感和荣誉感，让其愿意为团队工作做贡献。

从温军和小宋的案例中，我们可以总结出以下要点。

1. 让团队成员知道你能够给他们带来什么

新晋领导者在接手团队管理后，要花大量的时间来了解目前团队成员的个人性格和工作风格。你可以通过一对一沟通、开展沙龙、头脑风暴等活动来提高团队活力；你也可以带着团队成员做性格测评，然后一起交流分享，增进大家的相互了解。这样可以让团队成员感受到新晋领导者给团队带来的充满活力的新变化。

2. 为团队成员提供合理的帮助与支持

作为新晋领导者，在团队成员需要帮助与支持时，应该及时出现伸出援手。当然，在提供帮助之前应当判断这种需求是否合理。如果合理，要尽量满足，为团队成员更有效地工作提供支持；如果不合理，则应当坚决拒绝，并且做好沟通解释工作，让团队成员理性地正视问题，寻找其他解决困难的办法。

3. 消除影响团队工作效率的障碍

新晋领导者在了解团队成员的基础上，还需要针对团队工作中存在的问题，尤其是与其他团队的成员合作出现的问题，果断制定有效的对策，找到相应的方法来消除影响团队工作效率的障碍。这些措施的实施，会让团队成员更真切地感觉到领导者的存在；而领导者也会在消除团队工作障碍的过程中对团队领导这个角色产生更深刻的认知。

> **本章重点** <

　　团队视角是催化型领导者角色力的第一个视角转换，新晋领导者应当积极适应角色的转变，从之前个人单打独斗的思维转变到带领团队工作的团队思维。作为团队领导者，可以借助 SWAFOT 分析表掌握和分析团队每一名成员的详细情况，并在团队管理中积极运用所掌握的团队成员信息，针对成员不同的工作诉求与工作情况，采取针对性的措施帮助团队成员增强团队归属感，消除影响团队工作效率的障碍，提高团队工作积极性。

自我练习

请根据自身情况回答表 9 中的 4 个问题，并在问题下方的空白处填写你的答案，测测你目前的团队视角。

表 9　团队视角自测表

	团队成员期待你带给他们的显著变化是什么？	团队成员最希望你提供哪些支持？	你如何帮助员工成长？	你如何减少影响团队效率的障碍？
团队视角				

第八章

协同视角

上一章我们讨论了在日常管理工作中，很多新晋领导者的角色认知还停留在员工视角，他们认为自己存在的价值就是解决问题，乐于去做一名解决问题的高手。他们在工作中不是喜欢自己单干，就是对团队成员采取放养式管理，所以出现了自己每天忙得团团转，团队成员反而没事做，团队成长缓慢的情况。而作为一名催化型领导者，应该清楚地认识到自己的责任是指导团队成员达成工作目标，专注于如何最大限度地发挥群策群力的优势，通过团队所有成员的努力提升绩效，而不能像以前一样，仅仅是为了实现个人价值的最大化。新晋领导者运用团队视角，可以摆脱员工的角色行为模式和心理特点带来的影响。

在团队视角的基础上，更上一层的便是协同视角。协同视角是指新晋领导者应当具有跨部门协作的意识，并在工作中重视与其他部门的沟通协调，积极取得其他部门的支持。正如前文所说，领导者其实置身于一个组织中，当其他人普遍能够感受到该领导者的贡献时，这样的领导者才是成功的领导者。简而言之，只有新晋领导者主动与其他部门合作，将双方的贡献统一在满足客户需求的场景中，他们的管理才更有成效，价值才能得以充分体现。

协同视角的价值

美国社会心理学家德布·马谢克（Deb Mashek）发表于《商业评论》上的一篇文章中的一项调研数据显示，美国人花在工作上的时间比其他所有活动（除了睡觉）花费的时间加起来还要多。[1] 而这当中有许多时间是在与同事协同的过程中度过的：大家在会议上一起思考，在项目团队中一起行动。在任何部门和层级之间，协同都是工作的关键环节。

德布·马谢克公布的这项调研数据还显示：近四分之三（71%）的受访者声称他们至少有 41% 的工作时间用于协作，这意味着在一周 5 天共计 40 个小时的工作中，大多数人要花费 16 个小时与他人协作。

1　德布·马谢克：《协作技能如此重要，为什么不教》，《商业评论》2022年第 10 期。

当被问及在协同方面总共接受了多久的职业发展培训时，31%的人回答"完全没有"，6%的人回答"几分钟"（这不过是我们平时刷一条短视频的时间），14%的人回答"大约1小时"，23%的人回答"几小时"，只有26%的人回答得到了实实在在的培训——"几小时以上"。

从这项调研数据中不难看出，新晋领导者必须在跨部门协同中发挥积极的作用，从而使得本团队的工作能够获得来自团队外的资源支持。这样更能够体现出领导者对于团队的重要性，也容易让团队成员更加踏实地追随领导者。

在数字化时代，拥有打破边界的意识是新晋领导者角色转换的重要标志。除了具备团队视角打造一支团结一心的团队，还要具有协同视角主动与其他部门加强合作。在数字化时代，信息已经不再是某部门或某一领导者独有，因此打破组织边界是新晋领导者应具备的非常重要的意识。同时，在当今互联互通的世界里，产品更新迭代越来越快，商业竞争越发激烈，要想成功应对外部环境所带来的挑战，除了需要有团结一心的团队，还需要实现部门间的紧密协同。但很多新晋领导者自从上任那一天起就埋头紧盯着自己的工作任务，无暇抬头顾及与其他部门的协同，或者认为与其和其他部门花时间传递信息协作，还不如部门内部传递来得更高效可靠。这种管理观念在领导者尤其是新晋领导者中很容易出现，但作为合格的领导者，是不能局限于此的。亨利·明茨伯格所讲的领导者的信息角色，正是希望领导者能够从日常管理工作中走出去，将企业内的信息上下左右贯通，从而使企业更高效率地运转起来。而且外部客户的需求瞬息万变，只靠一个部门很难真正去满足客户需求。作为新晋领导者，从晋升第一天起就要相信资源是协同整合来的，不能再像之前那样，等着上级领导分配，你必须在企业内部不断地整合资源，将每个部门的贡献整合协同起来，共同满足客户的需求。

当然，跨部门协同并不是轻易就可以做到的。在现实中我们可以看到，不同部门间因为本位主义和部门利益的冲突会相互拆台、抬杠，甚至吵得不可开交；或者由于部门间权责划分不明确，存在工作重合或者空白地带，导致双方相互竞争或者都不想管；又或者信息沟通交流存在障碍，不容易领会到对方的思路重点，降低了跨部门协同的效率；等等。所以作为新晋领导者，除了要认识到跨部门协同的重要性，更重要的是要掌握提高跨部门协同有效性的技能。而催化型领导者都会将跨部门协同视为一项非常重要的能力。下面将讨论有哪些方法可以帮助新晋领导者找到并消除与其他团队协同时存在的障碍和矛盾，从而提高跨部门协同的有效性。

提高跨部门协同有效性的方法

不同部门或团队之间存在职责与利益差异，这注定了跨部门或者跨团队协同并不是一件容易的事情。那么新晋领导者应该怎样做，才能够提升协同的有效性呢？笔者认为可以从以下几个方面做一些思考。

在同一个部门内，不同团队的职责是什么？

在不同的部门，自己团队和其他部门团队的工作衔接点是什么？

自己团队的绩效指标与其他团队的绩效指标有什么关联？

其他团队期待自己团队去做哪些工作以帮助他们？

在日常工作当中，具有协同视角的领导者会不断了解自己的团队对其他团队所能提供的支持，以及与其他团队相互支持的方式，同时还能找出自己团队与其他团队之间存在的障碍和矛盾，留意相互之间的主要投入和产出。

让我们先看看两名新晋领导者成功运用跨部门协同视角的事例。

王亦（化名）是一家房地产企业的新晋销售部经理，她非常有创新意识，经常能想到一些有创意的营销方法。自从升任部门经理后，她发现客户的需求变化非常快，只靠销售部很难满足客户需求。面对复杂的情况，她提出多个不同的跨部门解决方案，并向上级申请成立项目组。如果有些需求比较紧急，或者情况不是很复杂，她会直接与相关兄弟部门沟通。她发现，有些项目会涉及人力资源部、财务部、市场部等多个部门，但是公司没有明文规定其他部门要如何支持销售部的工作。

在这种情况下，王亦人际沟通能力的优势就体现出来了。她会带着项目到相应的部门充分沟通交流，说明项目的推动能够给公司带来多大的利益，同时会给相应部门带来哪些有价值的回报。当然，在沟通过程中，王亦充分展现了同理心、认真聆听等人际沟通技能。在王亦的努力下，公司的其他部门都非常支持她的项目，王亦也顺利地将其他部门的资源和自己部门的资源高效整合起来，从而快速推动了项目落地。久而久之，公司其他部门对王亦想推行的新项目都会主动提供资源帮助。在年底的公司大会上，王亦被评为最佳销售经理。

刘佳（化名）是某科技公司研发部新晋部门经理，公司总经理希望研发部在公司新的战略下更贴近客户。之前研发部的工作是根据销售部搜集的信息或市场部制定的产品策略制订研发计划，经常会因为客户需求临时变化和市场部的产品策略调整与这两个部门发生矛盾，导致本部门工作非常被动。为了在执行公司新战略时减少被动局面，刘佳有意识地从原来的后端工作往前端走，重新定义自己的客户。研发部原来认为销售部和市场部是自己的主要客户，现在则将外部客户定义为自己的主要客户，以此为基础与销售部和市场部建立更多的正式和非正式沟通渠道，直接了解外部客户的需求，更主动地参与到产品策划和客户需求分析讨论中，使部门的产品研发成功率大大提高。

　　在这两个事例中，王亦和刘佳通过一个个协同项目建立起自己部门与其他部门之间的紧密联系，以项目的共同利益为连接点，将多个部门的资源整合利用起来，不仅让自己的部门取得了良好的工作业绩，而且通过项目的成功实施为其他部门带来了利益。当然，并不是所有的团队领导者都能够像他们一样成功地实现跨部门协同，有相当一部分团队领导者根本没有建立起协同视角的管理思维，工作中也就得不到其他部门的资源支持。新晋领导者要想破除部门隔阂，争取到其他部门的支持，就需要清楚了解本部门与其他部门在资源上的相互输出，找到团队间的利益连接点，采取有效的协同沟通技巧，消除影响资源输入、输出的障碍，最终实现跨部门协同。下面介绍一些跨部门协同的方法。

1. 画出部门联络示意图

　　在一个企业里，组织形态不管是扁平化还是垂直化，都会存在诸多部门或者团队协同的问题，正如我们前面讲到的，不同的部门间由于职责分工的原因导致各自固有的利益不同。新晋领导者要想获得其他部门的支持与帮助，而不是受其他团队排挤或拆台，就不能只着眼于自己团队的利益，而应与其他部门的利益联系起来，看看是否存在关联。在寻求其他部门支持的过程中，要充分考虑他们的利益诉求，这是跨部门协同的基础与起点。那么，不同的部门在满足外部客户的需求中各自扮演的角色究竟是什么？自己部门需要其他部门什么样的帮助？
自己部门又能够帮助其他部门什么？要想清楚分析这些问题，
领导者可以通过画出部门联络示意图（见图4）来捋清自己部
门与其他部门之间的利益是如何联系的。

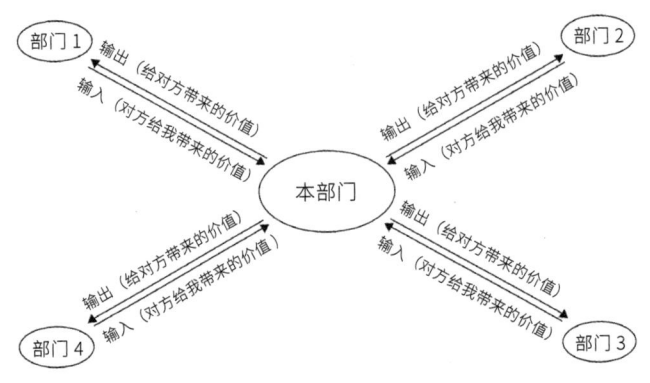

图4 部门联络示意图

图4中的"输入"是指本部门需要其他部门提供的资源支
持，"输出"是指本部门对其他部门提供的资源支持。

从部门联络示意图可以看出，本部门与其他部门之间存在
相互支持的连接关系。也就是说，企业内各个部门间是存在资
源的相互供给与需求的。因此，作为领导者，需要借助部门联
络示意图这样一个工具，逐个梳理出本部门与其他各部门之间
究竟存在哪些具体的资源输入与输出。掌握了需要输入、输出
的资源后，才能够明确各个部门之间的相互贡献以及协同基础

与利益连接点。比如，上面案例中的王亦所在部门是销售部，那么只靠他们一个部门肯定无法满足客户需求，这就要求销售部与人力资源部、财务部、市场部等各个部门保持密切的沟通与协同，相互提供信息与支持，从而更快捷、更有效地满足客户的需求，实现公司的发展。

2. 找出影响部门间资源输入输出的障碍

如果本部门与其他部门各方的贡献都能被顺利利用，那么满足客户的需求应该是水到渠成的。但是，诸多因素会出现影响部门之间协同的障碍。譬如"部门墙"现象、分工不明确或者部门职能存在模糊地带、部门相互之间看待问题的角度不同造成观点不一致、部门间信任不足，再加上沟通技巧不娴熟、沟通流程不清晰以及横向沟通机制不健全等，都可能造成部门之间资源输入、输出出现障碍。此时新晋领导者就要仔细分析本部门与其他部门协同时出现的障碍，并寻求解决办法。以下是部门之间协同障碍的几大具体表现。

部门墙。这是指阻碍企业各部门间工作交流、信息传递、资源流动的一堵无形的墙。其实，很多企业中都不可避免地存在这种现象。究其本质，是各个部门的本位主义作祟，本着自己部门利益至上的原则，在面对其他部门及公司的整体工作部署时，总是首先考虑本部门利益是不是会受到影响，而对其他部门产生一种天然的抵制情绪。

分工不明确。如今外界环境不断变化，大部分企业会面对很多新的挑战，尤其是客户的需求是"千人千面"的，企业为了适应变化、迎接挑战，往往需要内部的各个部门协作的频率和效率更高。但是，事实上很多企业在组织设计中都存在职责分工不明确的问题，经常出现"这不是我们部门的职责，我也不知道找谁……"之类的声音。

部门之间看待问题的角度不同。由于不同部门员工的职能定位、专业背景、工作任务等不同，不同部门看待同一个问题的角度、优先级也不同。比如，上面案例中的刘佳来自研发部，和销售部、市场部是上下游关系。在产品方面，销售部会站在市场角度，倾向于开发能够快速占领市场且有较强盈利能力的产品，在产品价格和性能方面，更关注是否有价格优势。而研发部门则会站在技术角度，倾向于攻克一个个的产品技术难关，尽量使产品的各项功能都趋于完美，不会过多考虑产品的某项功能是否值得投入相应的成本。两个部门在这种不同的视角下看待问题，对同样问题的沟通就容易出现分歧，影响部门之间的相互协同。

部门之间沟通技巧不足。跨部门协同时，首先需要部门间相互沟通，而沟通是否清晰、流畅会直接影响到协同效率。比如，笔者在一家企业做咨询时，一位来自销售部的新晋领导者跟笔者分享了一个他的例子。有一次快到月底了，他急需了解一家客户的货款支付情况，于是找到财务部的一位经理说："请

把 ×× 客户的付款情况提供给我们。"但当时这位财务部经理正在忙着本部门的其他工作，便回答道："等我时间空闲后再把数据整理给你们。"他很着急地说："我拿不到数据，任务完不成你要负责！"而财务部经理生气地说："难道这个月财务报表完不成你负责？！"最后的结果是两个人不欢而散。这就是部门间沟通时，沟通技巧不足导致沟通效率低下的显性典型场景。新晋领导者需要知道，在跨部门沟通时，对于自己部门来说非常重要的事情，对于其他部门而言并不在他的"优先级"之列。他们需要澄清双方目标，找到分歧点，共同寻找解决方案，以及尊重对方，运用同理心，进行有效表达。可见，新晋领导者的沟通技巧也是影响部门协同有效性的重要因素。

3. 如何破除部门间资源输入输出的障碍

主动发出信息，打破部门墙。作为具备协同视角的催化型领导者，会采取主动的方式破除部门间资源输入输出的障碍。从王亦和刘佳成功的部门协同例子中可以看到，在需要与其他部门沟通协同时，他们都是首先发出协同信号，不仅站在自己部门的立场，而且实实在在地考虑其他部门的利益。新晋领导者要想争取到其他部门的支持，就需要主动向对方表明自己对对方的利益做了何种考虑，以达成部门间利益的平衡，让对方明白支持你们部门的工作也能够提高他们部门的利益；相反，如果对方不支持你们部门，那么他们部门未来也会遭受损失。

总之，就是让对方知道只有帮助你们才是正确的选择。

准备多种协同合作方案。在与跨部门同事讨论协同方案时，新晋领导者作为发起者，要充分考虑各种因素，准备从易到难若干种方案作为讨论的基础。讨论协同方案时，要同理到对方看待问题的视角，耐心做好沟通解释工作，及时确定合作规则。在实践中，认同并遵守共同约定的规则，然后及时复盘，是做好每次沟通和协同的核心内容。

各方做出实际努力。新晋领导者要主动跟进落实行动计划，并定期回顾，保证跨部门协同的顺利推行。合作中或合作结束后都要适时给予对方评价，并感谢贡献突出者，甚至向公司提出嘉奖对方。从实践效果来看，可以奖励团队，也可以奖励个人。但通常情况下，奖励团队所带来的跨部门协同效果要好于奖励个人。

努力提升沟通技能。沟通是一门包含学问的艺术，良好的沟通可以达到事半功倍的效果，因此在跨部门协同过程中，沟通的第一要点是做到清晰准备、信息完整。新晋领导者要清楚本部门需要什么样的支持，在什么时间节点之前需要支持，需要支持多长时间等，并且都要向其他部门表述清楚。沟通的第二要点是善于使用语言技巧，不要以命令的语气要求其他部门，但又要让其他部门充分重视你所提出的跨部门协同需求，这就要求领导者要把握好语言表达的度。沟通的第三要点是有一个很好的沟通流程，这里介绍一下史蒂芬·柯维在《第三选择：

解决所有难题的关键思维》（*The 3rd Alternative: Solving Life's Most Difficult Problems*）一书中总结的沟通流程。

第一步：询问对方。你愿意寻找一种更好的解决方案吗？这是个革命性的问题，可以让对方减少防御，与你一同探索实验。

第二步：界定。双方讨论"更好"究竟意味着什么，把双方所需要的更好的基本条件都列举出来。

第三步：创造。双方共同努力，去探索和创造可以达成界定条件的可能方案。这里的方案不唯一，但关键是要将原有的争执与设想的思维加以转变。

第四步：达成。达成协同的具体条件各有不同，但协同各方气氛都很活跃时，通常意味着已找到真正适宜的方案。

建立非正式的沟通渠道。作为一名新晋领导者，除了建立正式的共同协调机制，日常非正式的沟通交流也非常重要。越是艰难的合作，越是要加强各部门之间的真心理解与全力支持，而在平常建立起的非正式沟通渠道有助于快速拉近与其他部门之间的距离。

> **本章重点** <

　　在数字化时代，信息已经不再是某部门或领导者独有的资源，打破企业边界是新晋领导者应具备的非常重要的意识。同时，在当今互联互通的世界里，产品更新迭代越来越快，商业竞争越发激烈，要成功应对外部环境所带来的挑战，除了需要有团结一心的团队，还需要实现部门之间的紧密协同。

自我练习

请根据自身情况回答表 10 中关于协同视角的三个问题，把你的答案填写在问题下方的空白处，以此来判断你目前的协同视角。

表 10　协同视角自测表

	本部门与其他部门之间输入、输出的是什么？（画图）？	影响输入、输出的因素有哪些？	如何建立正式与非正式沟通渠道？	相关协同部门确认
协同视角				

第九章

企业视角

在笔者做企业咨询的过程中，经常会有新晋领导者向笔者倾诉：企业的战略（或者高层的目标）不断变化，这种变化会让他们夹在上级和团队成员之间感到左右为难，总是忙不到"点"上，有一种"既没有功劳也没有苦劳"的痛苦，但企业需要他们做出贡献，因此这让他们有强烈的挫败感。

这种挫败感很多时候是由新晋领导者缺乏企业视角造成的。

下面我们来看一个因缺乏企业视角给一名新晋领导者带来困惑的案例。

谢林（化名）是一家服装销售公司的新晋地区销售主管。公司在全国拥有多家实体门店，为了实现收入的进一步增长，公司高层决定开设更多实体门店。为了执行公司的这一决策，谢林很快将精力投入到新店选址中，带着团队成员花费了很多心血做市场调研与考察，最终确定了 5 个新设门店，也基本敲定了具体的开业时间。但因外界环境发生变化，新店开业事宜不得不暂时搁置。过了一段时间，谢林找到老板沟通继续推进新店开设的想法，没想到得到的却是老板的当场否定，老板说公司决定不再新开设任何实体门店。谢林感到非常懊恼，觉得自己和团队成员的准备工作都白费了，不知道该如何向他们交代。

类似的案例在企业经营中是经常出现的，也是让很多中基层领导者在工作中觉得非常头疼的一个共性问题——怎样解决企业目标变化给团队工作带来的冲击？

这就要求新晋领导者在团队管理中具有企业视角，即除了要了解企业的战略决策和目标，了解企业如何应对竞争，更关键的是明白自己的团队应如何快速融入企业的战略目标中。

那么，企业的目标为什么会经常变化？又有哪些原因会造成很多新晋领导者缺乏企业视角呢？下面我们将从企业目标变化的原因、新晋领导者缺乏企业视角带来的困境、如何建立企业视角三个方面进行讨论。

企业目标变化的原因

一般的领导者和企业都不喜欢变化，因为变化意味着他们需要花费更多的时间与精力来适应。在一个企业中，高层领导其实也不希望企业的目标总是变来变去的，因为企业目标的变化不仅会让下面的员工感到茫然不知所措，也会让各级领导者在管理工作中付出更多的时间和精力。但众所周知，世界上唯一不变的就是变化。企业为了生存，就要不断适应外界环境的变化。在数字化时代，企业不再以产品为中心，而是以客户为中心。彼得·德鲁克曾说："企业的目的，只有一个正确而有效的定义：创造顾客。"如果一个企业永远不变，就无法满足客户不断变化的需求，更谈不上创造新客户，甚至还会因为环境、市场的变化失去原有的客户，这样的企业势必会被市场所淘汰。

变化是生命的法则，对企业来说也是如此。新晋领导者要理解即便企业制定了一个科学、合理、详尽的目标，但是过不了多久，这个目标也很可能变得不合时宜；而且在很多时候，企业制定的目标可能并不科学、合理。所以，企业目标经常变动是一种常态，企业要做的就是从上到下建立起一套能够快速入场、快速试错、快速纠偏的自我迭代机制，成为所谓的"敏捷型组织"，有效降低企业的试错成本。这种迭代机制的建成需要企业全体员工来共同实现，新晋领导者不仅要准确地预判甚至快速地接纳这种变化，还要管理好团队成员的情绪，帮助团队成员积极适应这种变化，并且以团队工作为基础，为企业目标的变化提供最大限度的支持，让企业成为纠偏速度快、敏捷度高的企业，从而降低试错成本；反过来讲，新晋领导者如果从内心抵触企业目标的变化，那么整个团队的改变和执行将变慢，这不仅会导致企业试错成本高，甚至还会导致企业错过新的机会。

在数字化时代，企业的生存环境变化更加快速，客户需求同样变化多样，这就要求企业必须对变化的环境和客户需求做出比以前更加快速的回应。所以，一个企业要想长期存活并且取得良好的经营成果，不变化是不可能的。在这样的背景下，企业会根据实际需要对原先设定的目标做出调整或者修正，有时候这种调整和修正甚至很频繁。

新晋领导者缺乏企业视角带来的困境

企业目标变化之所以会给新晋领导者带来困惑，其背后的原因是新晋领导者在规划团队工作时，忽略了以企业视角看待问题，导致尽管他们很忙、很辛苦，但在工作中始终处于被动地位，往往难以取得良好的工作成效。那么，不具备企业视角的新晋领导者具体会面临哪些困境？

1. 工作忙不到"点"上

在之前的一个企业培训、咨询项目中，项目参与者都是新晋升的领导者，笔者按照惯例会给他们做课前调研，在问到有关"当前工作挑战"这一话题时，有62.8%的学员谈到企业目标不清晰。有的学员说公司目标变化太快，导致自己在管理团队时传递出的信息也是混乱的，尽管用了很多激励办法，但是员工的执行力总是无法提高。还有的主管谈到：每天加班很辛苦，领导安排的任务总是非常急，导致自己手头很多任务无法按时交付，总感觉忙不到"点"上。这个"点"到底是什么？我们通常说是工作重点，抓住了这个"点"，你的工作交付成果就能够满足领导的需求。反过来说，如果你把握不住企业的发展方向，对上级交给自己的任务理解不到位，甚至与自己当下的工作优先级发生冲突，就会陷入急事第一的困境中，很难做到要事第一。

2. 得不到上级领导的认可

最近两年在企业调研时，笔者发现提升新晋领导者向上管理技能的需求越来越多。笔者认为这背后的原因，应该是上级领导认为新晋领导者做的事情无法支持自己的目标达成，且不能主动沟通。很多新晋领导者付出很多努力却得不到上级领导认可的原因，就是没有及时帮助上级领导做出贡献。那些能够不断与上级领导沟通、与上级领导对齐目标的新晋领导者，都能得到上级领导的认可。因此新晋领导者的团队目标必须建立在企业和上级领导的整体目标之下，才会有意义。

3. 不利于团队稳定

由于有些新晋领导者缺乏企业视角，团队的业绩自然好不到哪里去。当企业评估目标贡献值时，缺乏企业视角的领导者带领的团队贡献值会很低，团队整体绩效就会大打折扣，这通常也会直接影响到团队成员的个人收入与成就感。如果长期出现这种情况，团队成员容易对团队领导产生不满情绪，怀疑团队领导的工作能力。更为严重的情况是，团队成员会申请更换部门或直接跳槽，导致团队瓦解。

总之，缺乏企业视角的新晋领导者在工作中会遇到各种各样的问题，这些问题带来的后果都不容小觑。你如果想成为合格的催化型领导者，就必须有意识地培养自己的企业视角。

如何建立企业视角

企业视角要求团队新晋领导者不能只局限于自己的部门，而是应当站在企业的角度看待问题。这主要包括三个方面：一是要深刻理解企业目标；二是要实现团队目标与企业目标的融合；三是要遵循企业利益最大化原则思考问题。

1. 深刻理解企业目标

企业清晰的目标将为所有的领导者指明方向。企业的生存不是独立的，企业的目标是为了适应市场趋势、竞争环境等外界因素的变化而制定的。目标是期望的成果，这些成果可能是个人、团队或整个企业的；而且目标是面向未来的，即它是尚未实现的。从这个角度讲,目标对于企业来说不但重要,而且经常需要变化,因此非常难以把握。但对于团队领导者来说,深刻理解企业目标是做好团队工作的一个重要前提。

正如前文所述,企业目标之所以要变动,主要是因为外部环境发生了变化。企业要想实现更好的发展,就必须随着变化不断修正目标。

如果从管理学的角度看企业的发展周期,那么根据企业发展的成熟度可以将企业划分为以下几个阶段:形成期、调整期、规范期、运作期。形成期是企业成立的初期,即企业正处于新生阶段,这一时期企业的典型特点是生产规模小、市场占有率低,还处于刚刚摸索市场的状态;调整期是企业发展的第二个阶段,在经历形成期的多方位摸索后,企业逐步有了各类产品,对市场有了一定的了解,并按照市场特点与自身实际情况,对重点发展、次要发展或者不能继续发展的方向做出判断,并积极调整;规范期是企业发展的第三个阶段,主要是企业的大方向确定后,需要对企业运作、融入市场的各个环节不断加以完善和规范;运作期是企业发展的第四个阶段,这个阶段企业的商业模式已经比较成熟,要继续加强运作,通过并购、新设、合作等方式进一步拓展企业的业务。

从上述企业发展的四个阶段可以看出,不同阶段企业的工作重心,或者说目标,是不一样的。作为新晋领导者,需要清楚地认识到企业当前正处于哪个发展阶段,这样才能深刻理解这一阶段企业的主要目标，以及企业后续目标可能演变的方向。

从外部来说，影响企业目标的因素有很多，比如政治和法律环境、社会文化环境、自然环境、技术环境、产业环境、市场环境等。在前面讲到的销售主管谢林的案例中，当时的实际情况是：因为市场环境的变化，公司很多线下实体门店的经营受到了很大的冲击，这时候企业老板就会思考，这种情况下是不是应该转变以前注重实体门店数量的发展思路，随之而来的就是企业目标的变化。这时候谢林再去提原来的门店扩张方案，显然与最新的企业目标相悖，自然会遭到老板的否定。

作为团队新晋领导者，最简单有效的避免跑偏的方法是不管公开场合还是私下场合，只要有机会就要多听听企业高层讲述的企业目标。比如，企业高层可能会在某些会议中阐述企业目标，你可以在与企业高层的面对面沟通交流中得到有关信息；即便是企业高层不讲，你也要抓住机会多问问他们关于企业目标方面的问题，这样便能够准确掌握他们的想法，更加深刻地理解企业目标，对企业的未来发展就会有更多准确的预判。

2. 实现团队目标与企业目标的融合

在一个企业中，高、中、基层领导者与一线员工都有各自不同的工作职责，同样也会有不同的工作目标。新晋领导者作为团队目标的重要管理者，在深刻理解企业目标的基础上，要注意团队目标应向企业目标对齐。在团队管理中，具有企业视角的新晋领导者对企业内外部环境了解越多、对企业目标认识越深刻，再运用企业视角看待企业的运营，就越能够理解并接纳企业目标的变化，从而主动调整团队目标向企业目标对齐。在团队管理中，新晋领导者还需要关注如何发展团队成员对企业的价值认同感和共同发展意识，这样才能帮助他们在每一次企业目标发生变动时及时做出调整，从而实现团队目标与企业目标的高度融合。同时，新晋领导者还需要注意将团队目标转换为员工的个人目标，并将目标与绩效管理挂钩，最大限度地激发团队成员的积极性。团队目标与企业目标实现融合之后，团队才能够为企业目标的实现输出更多的贡献值，也因此能够充分享受到团队目标达成所带来的好处。谷歌和字节跳动常用的目标与关键成果法（Objectives and Key Results，OKR）[1]，就是"让一把手的战略思考能够有效落地，转化为企业上上下下的具体行动"。

3. 遵循企业利益最大化原则思考问题

由于现实工作与市场环境的复杂性和高变化率等特点，即

---

1 目标与关键成果法：这是一套明确和跟踪目标及其完成情况的管理工具和方法，可以有效确保员工紧密协作，把精力聚焦在能促进企业成长的可衡量贡献上。

便是新晋领导者再努力想要实现团队目标与企业目标的融合，也可能无法保证二者永远不会发生冲突。在团队目标与企业目标相冲突的情况下，作为团队新晋领导者，如何做出抉择是非常重要的，究竟是站在团队成员一边还是站在企业一边，时常会让他们头疼不已。这时候的团队领导者就必须有长远的眼光，应当遵循企业利益最大化原则来思考这种冲突，并且要及时做好团队成员的情绪疏导，避免影响团队的稳定。

新晋领导者及其所带领的团队是企业的一部分，这就注定了他们的工作目标应当是在企业目标之下更为具体、微观的目标。同时，企业目标并不是一成不变的，尤其是在外部环境快速变化的情况下，企业更加需要及时调整和修正目标，而企业目标的变化势必会给团队目标带来冲击。所以新晋领导者要想让团队的小目标有价值，就必须深刻认识企业的大目标，要站在企业整体的视角高度去看待企业的经营发展和战略目标设置，通过与企业高层深入交谈、分析外部环境和客户需求等，深刻理解企业目标，并能够对目标的变动倾向做出一定的预判。这样，当企业目标发生改变时，自己在心理上才更容易接受，行动上才能够更加应对自如，团队成员的思想工作也就更容易疏通。所以，新晋领导者在日常管理中，除了要具备团队视角与协同视角，还应当具备企业视角。

> **本章重点** <

　　新晋领导者要想做到忙得有意义，忙到"点"上，就既要了解企业的战略决策和目标、了解企业如何应对竞争，又要了解自己的团队应如何融入企业的战略目标。这样做对于新晋领导者的意义是：他可以更好地确定工作优先顺序，以支持企业的成功。

　　新晋领导者具备企业视角的关键点具体为：

　　1. 了解企业战略决策和目标；

　　2. 了解自己的部门如何融入企业战略目标；

　　3. 制定当下部门工作重点，并与团队成员达成一致；

　　4. 更好地确定工作优先顺序来支持企业成功。

自我练习

　　请根据自身情况回答表 11 中关于企业视角的相关问题，把你的答案填写在问题下方的空白处，以此来判断你目前的企业视角。

表 11　企业视角评估表

企业视角	企业高层关心什么？	为什么关心？	在整体战略中你团队的价值是什么？	你团队的目标是什么？	与上级确认你填写的内容
1. 高层经常在会上强调什么？					
2. 公司在公共媒体上宣传什么？					
3. 高层经常表扬／支持什么？反对／批评什么？					

第四部分

"三力"模型之
管理力

在本书第二部分及第三部分，我们通过讨论催化型领导者的三个影响力和三个角色力，替新晋领导者回答了团队成员关于"你是谁""你要带我们去哪里"的两大扎心之问。如果这两个问题回答对了，那么说明新晋领导者已经在领导之路上找到了正确的方向。但是，方向正确还不足以激发团队成员全力以赴投入到工作当中，他们还要在日常工作中检验新晋领导者的执行能力，即需要回答团队成员"扎心三问"的最后一问："你怎么证明你能胜任？"

我们在前面提过，杰克·韦尔奇给过所有领导者一句非常著名的忠告："在你成为领导者以前，成功只同自己的成长有关。当你成为领导者以后，成功都同别人的成长有关。"可见，培养出团队成员的能力，对新晋领导者成功转型为催化型领导者起着决定性的作用。

新晋领导者上任后，不但要学习带队伍，还要不断推进自己的业务，所以时常感觉压力特别大，往往会忐忑不安。他们会问自己：团队成员会不会质疑我的能力？我自己要做到什么程度才叫胜任这个岗位？放手让团队成员按照他们自己的想法去做，出了问题怎么办？这些困惑萦绕在新晋领导者日常的工作事务中，会不断考验他们的心理承受力，甚至会给他们带来焦虑。

其实这些现象背后的核心问题是：新晋领导者在通过他人实现管理目标的过程中，自己的管理技能还不足。那么，如何提升新晋领导者催化团队成员的管理技能呢？本书第四部分将重点讨论催化型领导者推动他人实现目标的三大基本管理技能：分配任务、有效辅导和反馈跟进。

第十章

分配任务

我们先一起来看看某互联网公司员工李韦（化名）的故事。

李韦是刚刚晋升的一线领导者，在自己的工作领域个人能力非常突出，因此得到了这次晋升的机会。在一次培训的课间休息时，他问了笔者一个问题："一线领导者该如何给团队成员布置工作任务才是合理的？"

他给笔者举了个例子：他是个急性子，非常希望自己的团队成员能够尽快完成他所布置的工作任务。在他的团队里，有两名成员——小吴和小郑。小吴的业务能力强，但总说自己很忙，把工作任务分配给小吴，他总说来不及做；小郑的工作能力偏弱，把工作任务分配给他就经常需要反复催促，催急了他就回应说工作太复杂，难以完成。遇到这种情况，李韦大多数时候都得亲力亲为，完成这些工作任务。

这是新晋领导者在给团队成员分配任务时经常会陷入的

误区。他们以为只需把工作交代下去，团队成员就能够按时保质完成，但实际上经常事与愿违，团队成员的回复不是时间太紧就是工作太难，最后很可能出现工作任务没按时完成，或者虽然按时完成但质量很差的情况。新晋领导者可能完全没有意识到，造成这种结果的原因不一定是团队成员的问题，而是自己的工作安排不够科学。根据笔者多年来从事培训、咨询的经验，大量数据证明，员工对于上级领导布置工作产生抵触情绪的，主要有以下三大类原因。

（1）不清楚、不知道（布置的任务内容和工作方法）；

（2）不喜欢（布置的任务）；

（3）不信任（布置工作的领导者）。

而以上三类原因的出现，不外乎有以下几种状况。

在给团队成员布置工作时，领导者分不清楚什么是工作方向、什么是工作目标、什么是工作任务。有时候工作布置得太粗犷，只讲了一个大方向；有时候工作布置得太细致，让员工感觉束手束脚。这些都会让员工产生抵触情绪。

很多新晋领导者在给团队成员布置工作时，不分析团队成员的现状，只是简单地将工作内容传递出去，于是就会出现有能力的员工不愿意做（上面案例中的小吴）、没有能力的员工做不好（上面案例中的小郑）的现象。

有些新晋领导者在布置工作时，虽然能够做到耐心细致讲清楚工作内容，但是无法激发员工的内在动力，究其原因就是太强调工作的内容和方法，却很少说明工作的重要性或完成工作对于团队成员的价值。

还有些新晋领导者在布置工作时，没有与团队成员及时确认工作内容、工作方法和团队成员需要的支持，而这些是保证团队成员完成工作的基础。

新晋领导者要有一套简单直接的方法来布置工作，这是很实用也是他们迫切需要学习的基本功之一。接下来笔者将从三个方面跟大家讨论如何有效地将工作传递给团队成员。

明确工作内容

在新晋领导者的日常工作中，给团队成员分配工作是非常重要的技能。

通常来讲，工作内容涵盖三个层面：工作的目标、工作的任务和工作的方法。

工作的目标，就是明确工作最终要达成的成果。例如，某企业销售部本年度要完成3 000万元销售额，达到比去年增长15%的目标。

工作的任务，就是把目标转变成部门员工可执行的任务。那么，以刚才"销售部年度销售额为3 000万元，比去年增长15%"的目标为例，他们发现拓展新客户是提升销售额的关键，经进一步核算发现需要拓展100位左右的新客户，即平均每月将近要拓展9位新客户。再进一步分解，拓展新客户要靠"拜访潜在客户"达成。根据以往数据，销售部把潜在客户变为新客户的转化率是5%。那么，要想每月有9位新客户，就要每月拜访180位潜在客户。销售部目前有5名员工，最后的工作任务是每位员工每月拜访36位潜在客户。

工作的方法，就是实现工作任务的措施。要实现工作目标和完成任务，就必须确定相应的工作方法。工作方法主要是指达到既定目标需要采取什么行动，以及动员哪些力量与资源，创造什么条件，排除哪些困难等。总之，要根据客观条件统筹安排，将"怎么做"写得明确具体、切实可行。特别是要分析之前工作总结中存在的问题，拟定解决问题的方法。按照上面的案例，销售部经过讨论，把拓展新客户的工作方法定为：开产品宣传会、打电话、一对一跟进有意向的潜在客户3个。按照一个月22个工作日算，他们最后确定每位员工每周开一次以上至少有5位潜在客户参加的市场宣传会、每天打10个电话、每天一对一跟进2位有意向的潜在客户。

需要注意的是，根据团队成员的不同状态，这三个层面的重点也是不一样的。有的成员适合仅仅给他一个工作目标，有的成员适合明确他工作的任务要点，而有的成员需要细致到给他指导具体的工作方法。这就牵扯到如何授权以及授权的范围，很多新晋领导者在这一点上也是拿捏不准的。

针对不同的工作内容选择合适的员工来完成

明确工作内容的层级之后，新晋领导者就要在布置工作任务时做到有针对性，这里需要展现领导者授权的能力。很多新晋领导者总感觉自己非常忙碌，主要原因是不知道哪些任务可以授权给员工、哪些不可以。《文子·道德》中说："圣人者，应时权变，见形施宜。"新晋领导者要学会根据团队成员每个人的长处授权。

从原则上讲，任何员工都可以授权，因为完成工作任务是每一位员工的职责，但是因为不同员工面对不同任务的准备度不同，他们完成任务的士气和技能不一样，所以领导者就要选择合适的人选授权，也就是合理分配任务。根据美国当代著名心理学和管理专家弗雷德·菲德勒（Fred E. Fiedler）的"菲德勒权变模型"，分析领导者的行为时要将工作结构、团队环境、权力基础、团队成员状态四个因素考虑进去，我们也可以据此将员工分为以下四类，以便给他们分配任务。

1. 有心无力型员工

对工作任务积极但缺乏技能和经验的新（岗位）员工，可以称之为有心无力型员工。这样的员工往往愿意承担工作任务，但完成任务的质量不高。这类员工本身就是新手，他们乐于学习、有工作热情，但因为以前没有做过这方面的工作，缺乏经验和技能，面对新的任务时可能一时无从下手。

在给这类员工分配任务时，新晋领导者通常容易错把热情当能力。他们认为员工想干就一定能干好，于是盲目授权，布置工作内容只停留在工作的目标层级，最多到工作的任务层级，从而忽略了这些员工技能的不足，所以在分配工作时一定要到工作的方法层级。给这类员工分配任务时要注意以下几点：① 领导者要对团队成员明确任务行为和标准；② 领导者要对团队成员陈述任务的重要性和价值；③ 领导者要向团队成员陈述工作现状；④ 领导者要询问团队成员面对工作内容有什么困难和问题；⑤ 领导者要为团队成员安排后续的工作行为计划；⑥ 领导者要有针对性地指导团队成员的工作行为；⑦ 领导者要安排后续的跟踪计划；⑧ 领导者要对团队成员表示信任。

2. 无心无力型员工

对工作任务抵触、漠不关心而且技能也不能胜任的员工，可以称之为无心无力型员工。这样的员工对领导的任务安排显得缺乏信心甚至产生抵触情绪，可能是由于之前的工作没做好受到过领导批评，或者确实技能不足无法完成工作任务。因此，面对这样的员工，新晋领导者授权范围要小，而且授权后的跟进要及时。对这类员工不能放任，听之任之，而是更要细致到工作的方法层级，而且要加强监督指导行为。给这类员工分配任务时要注意以下几点：① 领导者要向团队成员明确工作任务和标准；② 领导者要向团队成员陈述任务的重要性和价值；③ 领导者要讲解完成计划所需的知识、技能、方法、步骤和流程；④ 领导者要确认团队成员是否理解工作任务；⑤ 领导者要安排对团队成员的检查和督导。

3. 无心有力型员工

拥有完成工作任务的技能但爱抱怨或显得信心不足的员工，可以称之为无心有力型员工。这类员工往往有光辉的经历，工作技能过硬，但是由于某些原因，比如晋升慢，或者对公司政策不满等，对任务感到厌倦，逐渐成为"在职离休的好汉"。还有些员工也能完成工作任务，但是谨小慎微，什么事都不敢做主，什么责任都不敢承担，缺乏信心或承担责任的意愿。给这些员工分配任务时要达到工作的任务层级，强调做什么，但是怎么做可以一起讨论，具体应遵循以下要点：① 领导者要向团队成员明确工作目标和标准；② 领导者要向团队成员陈述任务的重要性和价值；③ 领导者要询问团队成员有什么计划和建议；④ 领导者要倾听并判断团队成员所建议方案的可行性。

4. 有心有力型员工

完成工作任务能力强且对自我要求高的员工，可以称之为有心有力型员工。有些员工聪明、有水平、有能力、有自己的见解，甚至在某些领域可以称为专家。他们会自行把工作任务理顺，责任心强，充满自信，积极主动，愿意承担更多任务。如果你把他的工作安排得过于细致、过于具体，可能会引起他的反感或制约他能力的发挥。给这类员工布置工作任务时，着重在工作的目标层面效果会更好，只需注意以下几点：① 领导者要向团队成员明确工作目标；② 领导者要向团队成员陈述工作的重要性和价值；③ 领导者要相信团队成员有能力实现；④ 领导者要倾听并赞赏团队成员行动计划中的亮点。

善用"T.E.N.D.C."流程简单直接地布置工作任务

上一节我们了解了面对任务时有四种不同状态的员工类型，接下来说一说该如何给他们布置工作。虽然面对不同状态的员工布置工作的重点不一样，但是在布置工作任务时，仍然有一些普遍适用的、行之有效的方法。

这里介绍一种"T.E.N.D.C."工作任务分配法，简称"T.E.N.D.C."流程。杨萃先在《进阶：成为快速升职加薪的少数人》中首次提出了"T.E.N.D."流程 [1]。本书中，笔者在"T.E.N.D."流程的基础上加入了一个新环节——"确认理解"

---

1 杨萃先：《进阶：成为快速升职加薪的少数人》，北京联合出版公司，2018，第 154 页。

（Confirm），即"C."，笔者称之为"T.E.N.D.C."流程，如图 5 所示。

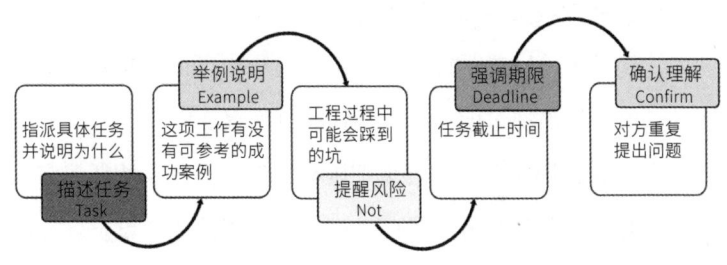

图 5 "T.E.N.D.C." 流程

T（Task）——**描述任务：**工作任务的背景以及要求，越具体就越客观。指派的具体工作内容可以参照不同工作内容层级对应的不同员工当下的不同状态。

E（Example）——**举例说明：**语言的丰富性体现了领导者的沟通能力。当团队成员不太理解你布置的工作内容时，你就不能一股脑把自己的东西全部塞给对方，而是要努力在讲话的过程中穿插进一些形象的内容，举一些既通俗易懂又具有代表性的例子来说明，从而使你想要阐述的内容更清晰，让接受信息的人主动参与进来，让他们从抗拒、略有迟疑到主动接受你的看法。因此，新晋领导者在下达任务时采用举例的方式，可以更具体地说明任务的特点与要求，也可以让团队成员更容易理解任务的核心。

N（Not）——**提醒风险：**新晋领导者在布置工作任务时，

可以适时提醒团队成员要避免的"坑"。领导者对工作方向、目标或任务应按照时间顺序或者事件内容进行考虑，寻找关键节点，然后围绕关键节点及时提示相关风险和重点注意事项。例如，领导者可以提示团队成员工作过程中可能会犯错误的地方、以前曾经出现过的问题、预计的风险等。

D（Deadline）——**强调期限**：没有时间节点的任务是模糊不清的。新晋领导者明确向承担任务的团队成员设定好完成工作的截止期限，这个步骤在布置任务期间是非常重要的一环。只有明确了截止期限，才能促进团队成员及时制定工作任务时间表，才能在不同的时间节点有序开展工作任务。

C（Confirm）——**确认理解**：新晋领导者通过以上四个步骤明确地向团队成员传递工作任务，但这并不是一个完整的闭环，还需要通过确认来检验对方是否真正理解了工作任务的要求。这时，领导者需要通过以下几点来确认：① 让团队成员重复一遍工作任务；② 提问团队成员目前打算如何执行工作任务；③ 提问团队成员目前考虑到的障碍点以及需要的支持。通过以上提问可以检验团队成员是否真正理解了工作任务的要求，达到工作任务分配的"T.E.N.D.C."闭环。

下面，我们举个例子加深对"T.E.N.D.C."流程的理解。

安排每位员工每周开一次产品宣传会。

如果按照"T.E.N.D.C."流程，可以这样下达任务：

描述任务（Task）："现在需要每位成员每周开一次产品宣传会。"

举例说明（Example）："我先让助理小华给大家发一个产品宣传会的流程模板。"

提醒风险（Not）："每次宣传会必须邀请满5位潜在客户才能举办，跟客户面对面沟通需要注意……这些风险。"

强调期限（Deadline）："宣传会每周一次，每周五18:00为截止上报时间。"

确认理解（Confirm）："大家有什么问题吗？如果对产品宣传会和流程有不清楚的，及时咨询小华。小华会在每周五18:00提交产品宣传会报表。"

"T.E.N.D.C."流程是一种非常精妙的任务布置模型，因为它把握了一种平衡，即"精准全面"和"不过分细节"的平衡。在职场中，很多新晋领导者为了让员工完成任务，恨不得极尽所有细节，生怕员工有疏漏，殊不知这样会过犹不及。

笔者曾经服务过一家新能源企业，在观察新晋领导者给员工布置工作时，学员许正（化名）便是如此。他给团队成员分配任务时往往极尽细节，一说就是很长时间，员工一边听一边做笔记，但是交上来的成果却不尽如他所愿，而许正却认为是自己当时没有交代清楚。依照他自己的经验，有些员工就需要非常细致地给他布置工作。殊不知，其团队成员不都是那些技能不高的"小白兔"（新手），还有很多有经验的高手。

因此，请遏制住你的领导表现欲，而是根据员工面对工作内容的准备度，差异化地布置工作。有的需要详细布置，有的不要给太多建议。因为你的建议不一定是助力，而可能是"牢笼"，会影响有能力的员工的自主性，且对于有心无力型的初阶员工，过多建议也会囚住员工"问为什么"的欲望。一旦此类员工遭遇了问题，很可能只会在你给的一众建议里面寻求答案："咦，这个问题领导没说过，这可如何是好？"长此以往，这类员工就会过于依赖你给出的建议，从而丧失遇到困境随机应变的能力，以及发挥潜能的机会。

> **本章重点** <

新晋领导者要想成为催化型领导者，第一关就是如何清晰地向团队成员布置工作任务，并让他们从内心深处欣然接受。催化型领导者在布置工作任务时能够做到以下几点。

1. 明确工作的内容；

2. 根据团队成员的特点选择合适的人来执行任务；

3. 积极运用"T.E.N.D.C."流程向团队成员传递工作任务的具体要求。

自我练习

请参照"T.E.N.D.C."流程的五大要点，在表 12 中记录自己给团队成员布置工作任务时做到了流程中的哪几点，做到的打"√"，没做到的打"×"。

表 12 "T.E.N.D.C."流程

团队成员	描述任务 (T)	举例说明 (E)	提醒风险 (N)	强调期限 (D)	确认理解 (C)
成员 1					
成员 2					
成员 3					

第十一章

有效辅导

　　大多数新晋领导者都会有一个惯性思维：把工作任务清楚明确地分配给员工后，等着员工自然而然地去完成任务。但是事实上，分配下去的大多数工作任务都是达不到预期的。这个时候新晋领导者就会有这样一个疑问：我行，为什么他们不行？这个问题背后的原因，就是新晋领导者缺乏催化型领导者管理力的第二个基本技能——有效辅导。

　　《论语·尧曰》中关于"四恶"有这样一段描述。子张曰："何谓四恶？"子曰："不教而杀谓之虐；不戒视成谓之暴；慢令致期谓之贼；犹之与人也，出纳之吝谓之有司。"孔子这段话的意思是：不事先教导人，人家（犯了错）便要杀戮（指责）他，那叫虐；不事先告诫人，而到时忽然要查验他成功了没有，那叫暴；虽下了命令，但并不当回事儿，并不曾郑重叮咛对方，到期限未完成又不通融，这像是有意陷害人，那叫贼；同样，说是要给予人以财物，但在出纳之际，却不免多所吝惜，这就是小气和不信任对方。反思一下：在你的管理工作中是否出现了"虐、暴、贼、不信任"的现象？

很多新晋领导者除了向团队成员下达命令之外，很少对员工进行有效的辅导与帮助，他们更多的是与成员一起应付各种事务，而忽略他们的能力成长与职业发展，经常性地与团队一起制造平庸而不是追求超越。而辅导之所以重要，是因为它是领导者最常见的一种管理方式，也是领导者培养人才最重要的一项基本技能。

那么有效辅导究竟是指什么呢？辅导的流程是怎样的？什么样的辅导才是有效的辅导？本章将会从以下五个方面进行阐述：① 有效辅导的概念及方式；② 有效辅导面临的挑战；③ 有效辅导的方法；④ 有效辅导的步骤；⑤ 辅导中激发团队成员意愿的四种方法。

有效辅导的概念及方式

辅导其实就是一段旅程，由辅导者陪伴受辅导者一起抵达目的地。如果是过程很愉快、结果令人满意的辅导，就是有效的辅导；反之如果是过程不愉快、结果令人不满意的辅导，就是无效的辅导。新晋领导者帮助团队成员成长应该是一段愉快的旅程，这个旅程可以通过以下三种方式进行。

第一种方式：指导。一般是指有经验的领导者在为团队成员明确工作目标任务的同时，把自己的知识和方法传授给他们。我们前面提到的沟通任务所用的"T.E.N.D.C. 流程"就是一种比较典型的指导。指导适用于时间较紧、任务简单或者团队成员技能或士气不高的情境。

第二种方式：辅导。指领导者就某一具体的知识、技能给团队成员提供及时的指导和反馈，帮助他们完成任务或解决问题。辅导一般是双向的互动，需要辅导者与受辅导者进行大量的交流，领导者要确保团队成员熟练掌握达成工作目标所需的知识、技能。辅导一般适用于团队成员在完成工作目标时，需要领导者专项训练其某一项技能，以提高其工作水平的情境。例如，当团队成员无法给客户讲清楚公司的产品时，领导者就需要辅导其产品知识以及演讲技巧。

第三种方式：教练式辅导。指领导者发掘团队成员潜能，让其能发挥最佳表现的一种辅导方式。教练式辅导一般是辅导者通过提问、聆听、鼓励等方式帮助团队成员面对问题，让他们自己找出解决办法。教练式辅导一般适用于工作中相对复杂的情境。例如，解决问题的路径同时有很多种，团队成员需要根据实际情况自己做判断、团队成员处于情绪波动中等。领导者可以通过这种辅导方式提高团队成员的主动性或者自信心。

那么，新晋领导者该如何灵活运用以上三种方式呢？

无论领导者采用以上何种辅导方式，都要让员工参与到辅导互动当中，这才是帮助员工实现目标的良策！从以上三种辅导方式不难看出，教练式辅导能够更大限度地激发团队成员的自主性，提高团队工作绩效。因此，对于新晋领导者来说，在团队管理中要多使用教练式辅导，同时在不同情况下灵活地选择不同的辅导方式，也是新晋领导者需要掌握的技能。

在我们正式开始讲述有效辅导的方法之前，请你回忆一下：最近一次使用的是哪一种辅导方式？效果怎么样？

有效辅导面临的挑战

虽然对团队成员进行辅导是新晋领导者应该具备的一项重要管理能力，但实际上很多新晋领导者对于辅导的认识还不够深入，辅导的技能也不高。以下是新晋领导者在辅导团队成员中常见的一些问题。

我们来看看两个辅导案例带给我们的启示。

笔者在国内一家大型集团公司总部授课时，新晋主管魏林（化名）分享了一个辅导结果不理想的案例：他给团队成员小王布置一项写项目方案的任务时，仅仅简单将任务交给小王之后，就去忙自己的事情了。小王用了 2 个小时把方案写好交上来，魏林看后觉得没有达到自己的要求，便又把自己关于方案的具体想法快速告诉了小王，让他回去再改改。小王又花费了几个小时，把重新写好的方案提交给了魏林，但方案还是没有达到他的要求，他很不满意，小王也感到特别委屈。

这样的一幕，你是不是似曾相识？这种情形确实经常发生在许多公司的领导者身上，尤其是在新晋领导者的管理中更加常见。这个案例中的主管魏林布置的工作任务最终完成效果并不理想，难道只是小王的责任吗？答案是否定的。

魏林布置工作任务只是单向地将工作交给小王，没有对小王进行有效辅导，导致后者没有机会参与对工作任务的充分讨论，只是简单机械地执行。新晋领导者的这种工作方式会让团队成员丧失独立思考的机会，而他们还要抱怨团队成员能力不足、执行力不强。试想在这样的工作情境下，员工如何发挥自己应有的能力？

那么这个问题该如何解决？**核心在于辅导时要运用团队视角考虑问题**。新晋领导者每次给团队成员布置工作任务时都要思考一个关键问题：这名团队成员在面对这项任务时的工作能力和工作意愿如何？这有助于领导者有针对性地对该成员进行辅导，帮助他及时找到高效完成任务的方法。

魏林还和笔者分享了他对另外一名员工采用不同工作方式的案例：他在布置工作任务前先评估了团队每名成员，最后认为小刘具备做好这项工作的能力，并且小刘的工作积极性很高，很愿意接受新的挑战。于是魏林找来小刘，布置了需要写方案的工作，请小刘先去思考一下，半小时后来找自己说说想法。小刘回去后查阅了相关资料，对此项工作有了自己初步的想法后找到魏林，把自己的设想按照项目方案要求汇报给了他。魏林通过提问，引导小刘继续思考。经过充分的分析以及讨论，小刘很快就拟好了最终方案，并得到了魏林的认同。经过对方案细节的完善，小刘向公司正式提交了方案，并顺利通过。

从这个案例可以看出，在日常管理中，新晋领导者在保证团队任务完成的前提下，还承担着提高工作效率、培养团队成员的职责。关于魏林第一个案例，即使小王很有能力，很有创造力，但像魏林的那种布置工作的领导方式，不仅会让小王产生自己的努力得不到认同的委屈，而且会使其能力提升很慢，创造力被淹没，职场挫败感日益增强。如果魏林使用第二个案例中辅导小刘的方式辅导小王，小王的创造力可能会不断地被激活，能力提升当然也会非常迅速。

那么在辅导团队成员时，新晋领导者面临的挑战具体都有哪些呢？

1. 感觉浪费时间

关于辅导团队成员，一些新晋领导者经常会这样想："辅导团队成员太浪费时间！我自己手头的工作一大堆，还要教他们，太麻烦了！"这个想法会导致领导者不屑于辅导团队成员，认为与其苦口婆心地去辅导，还不如直接给他们下指令更高效，如果团队成员实在不会做的话，自己可以直接把任务接过来做。采取这种做法的新晋领导者表面上看起来好像省事了，但他们却没有意识到自己在团队中已经埋下了隐患。

在《别让猴子跳回背上》（*Monkey Business*）一书中，作者威廉·安肯三世（William Oncken，Ⅲ）将一个个任务比作一只只"猴子"。也就是说，"猴子"既可以是需要解决的问题，也可以是推进项目计划的某一个行动步骤，还可以是具体举措等。无论是领导者还是员工，关注、聚焦并完成任务（解决问题）的过程都是"喂养猴子"的过程，而这个过程需要耗费时间和精力，需要创意和智慧。作为新晋领导者，在工作中需要将"猴子"们分配给团队成员去"喂养"，在履行责任、完成任务的过程中，团队成员要各负其责，领导者决不能让应由团队成员喂养的"猴子"跳回到自己的背上，因为这些"往上蹿升的猴子"会啃噬掉领导者大部分可支配的时间，从而导致"领导没时间，团队成员没事做"。除非猴子能回到照顾喂养它的正确饲养人身上，否则领导者自己的时间将不断被团队成员占用。《管子·心术上》中把这个现象比喻为："毋代马走，使尽其力；毋代鸟飞，使弊其羽翼。"领导者亲自上，看上去问题是解决了，但是员工没有成长，下次遇到类似的问题还是会来请你解决，长此以往，团队前景堪忧。

所以，新晋领导者认真做好团队成员的辅导，目的是培养他们独立处理问题的能力。能独立处理问题是一个人经过长期专门的训练后才能获得的后天特质。新晋领导者应当从日常管理中抽出时间定期辅导团队成员，辅导培养团队成员的过程看似很慢，然而一旦他们掌握了解决问题的技能，就不会一味依赖领导者，而是会独立解决问题，从而加快团队目标的达成。而且最为关键的是，领导者将会有更多时间去做更重要、更有价值的事情。

2. 担心团队成员不愿接受自己的辅导

有一句话非常形象地概括了辅导的本质：是你和别人一起做事，而不是你要求别人做事。很多新晋领导者觉得自己虽然可以辅导团队成员，但是这可能会导致团队成员产生抗拒情绪，达不到辅导的效果，甚至还会带来负面效应。事实上，这是新晋领导者没有完全理解辅导的含义。

首先，我们要知道辅导与指导是不一样的。通常意义上，"指导"是指一些有经验的人把自己的知识和方法传授给别人，主要表现形式是单向传递信息，员工的感受是领导者"让我做"，这种沟通方式可能会引起某些资深员工的抵触情绪；而"辅导"是指发掘员工的个人潜能，让员工发挥主观能动性，帮助员工面对问题时自己找出解决方案。辅导主要的表现形式为双向沟通，员工的感受是"我要做"，这样可以有效避免团队成员产生抵触情绪。因此在日常管理中，如果新晋领导者觉得团队成员不愿意接受自己的辅导，那有可能是自己让团队成员感受到了"让我做"的压力，而没有激发出他们"我要做"的渴望。

那么，新晋领导者如何做到有效辅导呢？

有效辅导的方法

1. 选好辅导的时机

《孟子·公孙丑上》中有句话："虽有智慧，不如乘势；虽有镃基，不如待时。"这句话可以理解为领导者要更高明地运用自己的智慧，有再好的工具和资源也不如等待时机。时机对了事半功倍，时机不对事倍功半。新晋领导者选择一个好的辅导时机对辅导员工的效果有非常大的影响，甚至能起到决定性的作用。从时间节点来看，辅导可以分为**事前辅导**（团队成员接到工作任务后还没有开始执行）和**事后辅导**（团队成员接到工作任务后已经开始执行）。

事前辅导是一种成功型辅导，是指领导者在向员工布置完任务但员工还未开始执行时就开展辅导，让员工在新的或富有挑战性的任务中获得成功。这类辅导最大的特点是专注于事前、正面经验、注重发展，此时双方情绪积极，辅导效果容易令人满意。事前辅导的好处主要包括：帮助团队成员取得更高的工作绩效并保持下去；使他们更快速、更有效地从成功中学习；更能够发展员工的知识、技能、信心，提升其参与感；让领导者与团队成员的时间都更加充裕，为下一步行动提供更大的机动性。

与事前辅导相对的事后辅导则是一种改进问题型的辅导，是员工已经开始执行任务，领导者针对员工不佳的工作绩效或不良的工作习惯，引导员工提高和改进。其特点是关注负面行为，注重改善，属于被动型辅导。相当多的新晋领导者都习惯在员工出了问题时才去辅导，带着解决问题的心态去辅导，这就导致领导者与员工之间很容易产生对立情绪。这时领导者的语气、语调很容易让对方感觉受到了责备，从而出现自我防卫的状态。所以此时的辅导主要聚焦于化解情绪，很难聚焦在问题解决上，效果往往难以令人满意。

所以，两种辅导时机的选择对结果影响显然是不一样的，建议新晋领导者多采用事前辅导的方式。

2. 根据不同员工的能力，切换辅导重点

通常情况下，面对上级主管安排的具体任务，不同的团队成员会出现工作技能和士气的不同状态，所以辅导的重点也应该有所不同。我们在本书第十章提到过，领导者在给团队成员布置工作任务时，员工会呈现出四种不同的类型状态，只有对他们进行有针对性的辅导才能达到事半功倍的效果。下面我们就如何辅导四种不同类型的员工进行探讨。

第一种类型：**有心无力型**。这种类型的员工对于布置的工作任务的准备状态是技能弱，但工作意愿强。他们的特点是：热心、兴奋、乐观，渴望学习，愿意接受指导；接受工作任务的意愿高，但缺乏经验，工作质量不高；他们的积极性是基于希望与可以获得的经验，而非基于现实的任务或目标；他们不知道自己对哪些东西不懂，因此可能会做错事。对于这类团队成员，新晋领导者开展辅导时的重点是：强调任务目标和标准；强化工作方法和计划；在工作技能上给予更多辅导；持续检查监督；对团队成员表示信心。

第二种类型：**无心无力型**。这种类型的员工对于布置的工作任务的准备状态是技能弱，工作意愿低。他们的特点是：缺乏手头工作所需的特定技能；无法完成工作任务；不愿意为某项工作承担责任；受到挫折容易退却；在工作中容易困惑、沮丧、不知所措，情绪波动大。对于这类团队成员，新晋领导者开展辅导时的重点是：明确任务目标和标准；陈述任务的重要性和价值；为团队成员制订行动计划；讲解示范完成计划所需的知识、技能、方法和流程；指导团队成员动手操作；确认团队成员是否理解到位；安排检查和督导。

第三种类型：**无心有力型**。这种类型的员工对于布置的工作任务的准备状态是技能中等至强，工作意愿不定。他们的特点是：能完成工作任务，甚至是做出富有成效的贡献，但缺乏信心或承担责任的意愿；具有一些自主性，但需要机会与其他人一起试验想法；有时会犹豫不决；缺乏信心、自我反思；容易对目标和任务失去兴趣或者感到厌倦。对于这类团队成员，新晋领导者开展辅导时的重点是：明确任务目标和标准；陈述任务的重要性和价值；询问团队成员有什么计划、建议；倾听并判断团队成员建议方案的可行性；用先引导后启发的方式帮助团队成员完善方案；确认并支持团队成员的方案；提供团队成员所需资源；安排后续的跟踪计划；对团队成员表示信任。

第四种类型：有心有力型。这种类型的员工对于布置的工作任务的准备状态是技能强，工作意愿高。他们的特点是：工作积极主动，愿意承担更多的工作；责任心强，对于领导指派的任务都会尽力做好；充满自信，能够独立作业；容易从工作中得到启迪，也能启迪、激励别人；是领导和同事眼中的内行，甚至是专家；具有丰富的工作经验，完成任务的质量也较高。对于这类团队成员，新晋领导者开展辅导时的重点是：明确任务的方向和结果；陈述任务的重要性和价值；充分相信团队成员有能力解决问题；倾听并赞赏团队成员行动计划中的亮点；让团队成员主导反馈进度时间表；为团队成员独立工作创造条件；对团队成员的优异工作表示感谢和予以表彰。

3.减少辅导中的干扰

"企业教练之父"W. 提摩西·加尔韦（W. Timothy Gallwey）在《如何实现工作自由》（*The Inner Game of Work*）一书中提

出了一条在员工辅导领域相当于物理学领域"牛顿定律"的经典公式：

绩效表现＝潜能－干扰

在 W. 提摩西·加尔韦看来，一个人的工作表现不佳并不一定是他没有完成任务的潜能，而可能是因为有很多干扰存在，从而降低了他的表现。对于团队成员来说，这个公式可以略作改动：

绩效表现＝团队成员自身的潜能－领导者对团队成员的干扰

所以，新晋领导者要尽可能激发团队成员的潜能，同时减少对团队成员的干扰。在辅导过程中，如果领导者告诉团队成员太多方法，有时反而可能会起到负面作用，对团队成员产生干扰。

由此看来，员工辅导也许很简单，就是领导者在授之以渔中尽量减少对受辅导者的干扰，帮助其激发创造力，看到新的可能性。受辅导者看到了可能性才愿意做事，才会从内心产生行动的动力，才愿意付诸行动。

以下是新晋领导者辅导员工时经常出现的"干扰"现象：

辅导时不愿意花时间，总是匆匆忙忙；辅导时流程混乱、逻辑不清、信息不准；辅导时说得多，提问少；辅导时不注重聆听团队成员意见，较少激发团队成员的工作意愿。

为了减少辅导中的干扰，这里提供给新晋领导者五条辅导理念。

相信团队成员的内在智慧。古希腊哲学家苏格拉底有一句名言，"我教不了别人任何东西，我只能促使他们思考"。每一名团队成员都有自己的独特智慧，对于问题也会有自己的答案和方法，并不是只有你才有标准答案，而团队成员也并非只能听你的。所以，激发团队成员对问题的思考力才是辅导的价值所在。

实现目标不止一种方法。"条条大路通罗马"，每个人看待事物的角度不一样，所以问题的解决有时不止一种方法。新晋领导者的经验方法并不是破解难题的唯一路径，也许团队成员有类似甚至更好的解决问题的办法。员工是执行者，领导者只有帮助员工找到适合他自己的方法，他在行动中才会更有自信心，执行力才会提高。

过程即内容。辅导的目的不仅是解决问题，更是帮助员工成长。辅导是一场旅程，新晋领导者每一次辅导员工都应该注重过程中的内容，比如员工的情绪、体验、问题的界定、解决的方法、后续的跟进支持等。因此可以说，辅导过程就是帮助团队成员成长的过程。

跳出舒适区。通常情况下，新晋领导者的辅导可以帮助员工在面对挑战时，有勇气跳出舒适区，尝试新方法，从而获得成长。但是事实上，很多人在面临挑战或尝试新方法时，都会产生迟疑、恐惧的情绪。这个时候，辅导者就要帮助受辅导者敢于去挑战，还要同理到他们没有安全感的情绪，及时给予他们信心和支持。所以领导者不能简单地把任务或者问题甩给团队成员，只留下一句"该怎么做，你自己想想吧！"或"你自己试试吧，出了什么问题我负责"就不再过问了，这会让员工感到无措、不安与害怕，从而影响工作效率。

情绪推动人，人推动绩效。新晋领导者辅导时需要留意受辅导者的情绪，对方的情绪决定了辅导质量的高低，进而决定了其工作绩效。比如员工压力过大时，领导者要用同理心先处理他的情绪问题，如果此时不顾对方的情绪一味想着先解决问题，反而会招致员工的不配合和抵触。有效辅导的关键在于激发团队成员对工作目标或行动方案产生积极的期待情绪。

总之，以上五条辅导理念希望新晋领导者深植于心，再佐以辅导的技能，才可以真正提高管理力，向催化型领导者更进一步。

4. 平衡个人需求与实际需求

现在请你回想一下最近一次的辅导，结束时你望着受辅导者离开的背影，在内心问问自己："在这次辅导中，他（她）

对方法掌握了吗？愿意去实施这些方法吗？"

《领导力的精进》中提到："指导是一种深层次人性的努力。在你坦诚地和团队成员交谈时，你会迅速发现他们会把个人需求带到每天的工作当中，比如需要参与、想被聆听和获得理解。他们同样有工作上的实际需求，像资源不足、需要解决的问题以及可以立即实施的行动计划。"[1]很多新晋领导者在辅导团队成员时，由于急于解决问题，只想尽快让团队成员去执行任务，忽视了关注对方是否积极参与到辅导对话中，最后适得其反，导致辅导无法顺利进行。同时，还会出现另一种现象：新晋领导者在辅导时，只是一味地鼓励团队成员，忽视了解决具体问题，比如沟通信息、讨论方法、制定工作流程等，忘记了辅导的价值是在解决问题的同时帮助团队成员成长。

这就需要新晋领导者在辅导的同时关注团队成员的个人需求和实际需求。

有效辅导的步骤

现在请你回忆一下近期辅导团队成员完成任务的情况，并请按照表 13 的格式分别写一个效果好的和效果不好的案例。带着案例我们一起进入后面的讨论。

---

1 泰茜・白翰姆、睿奇・威林思：《领导力的精进》，颜超凡、杨曼译，中信出版社，2017，第 213 页。

表 13　辅导有效性复盘表

辅导复盘表结构	效果好的案例	效果不好的案例
描述当时事件发生的时间、地点、环境、任务		
你是如何辅导团队成员的（流程、语言、情绪等）		
辅导后的结果		
从这一辅导中得到怎样的反思？如何评价？		

　　正如前文讨论过的，新晋领导者对员工进行有效辅导有三种方式：指导、辅导和教练式辅导。其中，指导最常使用的就是"T.E.N.D.C."流程。现在，我们重点讨论其余两种方式（辅导及教练式辅导）的流程。

1. 辅导的流程

　　笔者把辅导的流程简单概括为**"说、教、练、赞、跟"五步法**，具体内容如下。

　　（1）"说"——什么及为什么，即领导者向团队成员说清楚问题现状和原因，并一起理解确认。

　　（2）"教"——我做你看，即领导者先示范，团队成员观摩了解流程及方法。

（3）"练"——你做我看，即团队成员按照刚才领导者示范的流程及方法模仿一遍，领导者观察效果，如果没达到要求，领导者就再做示范，让团队成员学习、操作，领导者再观察。这个循环可以持续到团队成员掌握方法并达到要求为止。

（4）"赞"——及时鼓励，即领导者在整个辅导过程中鼓励、表扬团队成员。

（5）"跟"——跟进结果，即领导者在辅导后要及时跟进团队成员的工作情况。

2. 教练式辅导的流程

笔者把教练式辅导的流程简单概括为**"说、问、法、支、跟"五步法**，具体内容如下。

（1）"说"——什么及为什么，即领导者向团队成员说清楚问题现状和原因，并一起理解确认。

（2）"问"——我问你说，即领导者对要辅导的内容进行提问，与团队成员就当下面临的与问题相关的所有事实和顾虑达成共识。

（3）"法"——讨论解决问题的方法。领导者通过提问、聆听，启发和鼓励团队成员积极思考，就目前问题已尝试过的方法和打算尝试的新方法进行讨论。

（4）"支"——讨论支持，领导者与团队成员讨论准备采用的方法或者备选方案所需的支持。

（5）"跟"——跟进承诺，领导者就团队成员接下来的行动计划及衡量进展的方法达成一致。

从本质上来说,教练式辅导要求领导者要以团队成员为中心,通过激发团队成员的潜能找到解决问题的方案。

以上列举的两种五步法,如果新晋领导者运用得娴熟有效,就能提高团队成员对于目标讨论的清晰度,从而在对事情的理解上首先排除障碍。再加上让团队成员充分参与讨论、激发意愿,满足了情绪上的需求,那么团队成员就能如虎添翼,展现出积极执行领导者辅导方案的状态,从而在工作中取得良好的效果。

辅导中激发团队成员意愿的四种方法

我们在辅导中平衡事情与心情一节中讨论过,有效辅导不但要满足受辅导者解决问题的需求,更要满足其在辅导中的情绪需求。领导者可以从四个方面来激发团队成员的工作士气:鼓励参与、探寻想法、聆听意图、学会"沉默—示弱—我"句式。

1. 鼓励参与

从通常意义上讲,情绪低沉、心情抑郁的时候,人会觉得思路阻塞,做任何事情都进展迟缓。哈佛大学心理学博士丹尼尔·戈尔曼(Daniel Goleman)曾指出:"情绪破坏心智,焦虑、愤怒或者抑郁的学生无法学习,处于这些情绪状态的人无法有效接收或处理信息。"情绪直接影响着个人的记忆和思维活动，甚至左右着人的行为。尽管有时候我们觉察不到，但我们每做一件事、每说一句话，实际上都受到一定的心理状态和心理活动的影响与制约。所以，为了将事情更加积极、顺利地完成，新晋领导者需要将鼓励作为首选，让团队成员情绪更正面、高涨。常见的鼓励员工的话有以下四种类型。

描述式鼓励——事实＋感受。例如："这项工作难度很大，但是基于你已经做过很多类似的工作，而且完成得很好"＋"所以把它交给你，我感到很放心。"

好奇式鼓励——想法＋行动＋请教。例如："我认为你可以胜任这个项目"＋"在上个项目中你的创新能力给我留下深刻印象"＋"你当时是怎么想的？具体是怎么做到的？可以跟我说说吗？"

感谢式鼓励——结果＋影响。例如："客户非常满意你提供的方案"＋"昨天客户又跟我们签了新合同，谢谢你。"

赋权式鼓励——信任＋原因。例如："我相信你的这个想法一定会让客户满意的"＋"因为客户在之前的项目中就对你的能力非常认可。"

2. 探寻想法

探寻想法是指用提问的方式激活每一个人的思想，通过员工的参与鼓励其承担责任。新晋领导者有效提问是让团队成员积极参与辅导对话非常有效的方法。俗话说"多少好的答案在等待一个好的问题",能提出好的问题也是领导者能力的体现。

下面笔者给大家介绍一种提问法——启发式探寻 4C 提问法(见图 6)。它分为两个维度:纵坐标为辅导能给员工带来的价值,即员工通过这次辅导获得的成长点;横坐标为提问的步骤,包括从了解情况到找到解决方法。这个过程需要辅导者通过提问层层递进,直至帮助团队成员找到解决问题的方法。

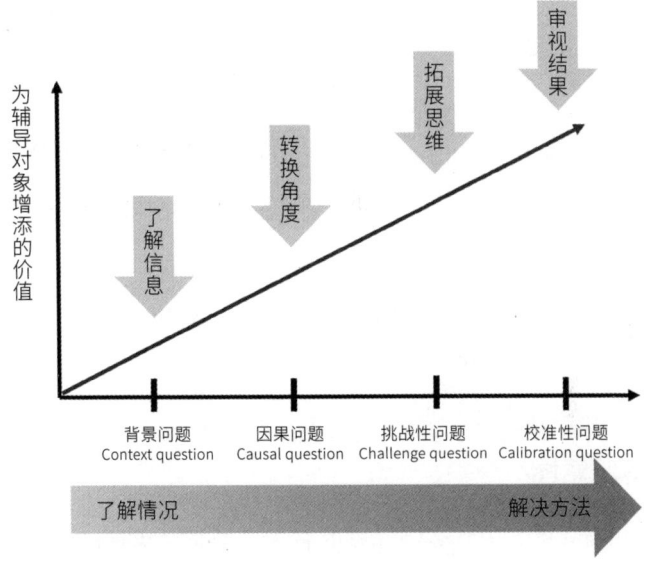

图 6 启发式探寻 4C 提问法

背景问题(Context question)。辅导中需要了解更多信息、避免错误判断时,领导者可以使用这类问题,让团队成员提供更多信息及想法，鼓励团队成员参与到辅导对话中。例如：
"什么……""什么时候……""在哪里……""谁……""……
怎么样？"

因果问题（Causal question）。辅导中需要引导团队成员深入思考、转换视角、参与到讨论中时，领导者可以使用这类问题。例如："为什么……""你认为……的原因是什么？"

挑战性问题（Challenge question）。辅导中需要启发团队成员的创造性思维，思考各种可能性和解决方案时，领导者可以使用这类问题："要是……会怎么样？""然后……怎么样？"

校准性问题（Calibration question）。辅导中，如果团队成员已经找到解决方案，领导者想用更广阔的视角来审视结果，帮助团队成员仔细斟酌，对下一步行动进行微调，可以使用这类问题："怎么做……""可能会……""是什么……""将怎样……"

3. 聆听意图

在辅导中，为什么领导者的聆听很重要？好的聆听能让团队成员感到被尊重，领导者也能真正理解团队成员的意图，拉近彼此的距离，激发彼此的信任，从而帮助团队成员更好地表达观点与想法。

传统观念认为，听的目的是回应，但这样的聆听缺少了一个重要环节——理解。只是为了回应而去聆听的领导者，很容易出现以下无效聆听的方式：忽视地听（内心抵触）、假装地听（敷衍了事）、选择地听（只选择自己感兴趣的内容）。

由于新晋领导者通常认为自身能力较强，所以在辅导员工时，会出现说多于听的情况。史蒂芬·柯维在《高效能人士的七个习惯》一书中将这种回应方式称为"自传式回应"，就是根据自己的经验、价值观来做判断。他在书里举了一个例子：假设你的眼睛不太舒服，去看眼科医生，而他只听你说了几句话就摘下自己的眼镜给你。[1]

"戴上吧，"他说，"我已经戴了十年了，很管用，现在送给你。"可是你戴了之后看到的东西都扭曲了。

"太可怕了！"你叫道，"我什么都看不到了。""怎么会呢？"医生说，"我戴的时候很好啊，你再试试。""我试过了，"你说，"可是眼前一片模糊。"

"喂，你这个人怎么回事？"医生恼羞成怒，"真是好心不得好报！"

下次你还会再去找这个医生吗？一定不会。一个不诊断就开药方的医生怎么能信任呢？

---

1 史蒂芬·柯维：《高效能人士的七个习惯》，高新勇、王亦兵 、葛雪蕾译，中国青年出版社，2018，第179页。

现实中"霸道总裁"式的管理模式也引发过大众的思考："你以为的你以为不是你以为的你以为！"现在我们来深度剖析"自传式回应"的通常表现。

好为人师：急于给出建议、劝告和对策。比如："如果我是你，我会争取更大的利益。"

喜欢探究：依据自己的看法、经历去提问。比如："用这种方式你究竟希望得到什么？"

诠释动机：凭自己的经验去诠释别人的动机与行为。比如："看起来你采用这个策略是因为害怕而不是出于自信。"

主观臆断：根据自己的价值观做判断，表示同意或不同意。比如："你是对的，你的老板应该为让你在那么多人面前难堪而道歉。"

有些新晋领导者会说："我有时用这种沟通方式也很有效啊！"如果双方非常信任、情绪平稳，且对方真心征求你意见，这种根据自己经验的回应方式是有效的。但是在辅导中，很多时候受辅导者的情绪变化很快，或者双方信任不足、情况复杂，此时领导者要想激发员工的积极性和责任感，就要运用"同理心聆听"这一技巧，而不是一意孤行地表达，导致话不投机。

真正的聆听是打开受辅导者心扉的一种技术，学会聆听是一名优秀领导者的基本技能。在辅导的过程中，同理心聆听分为三个层次：**聆听事实、聆听情绪、聆听需求**（见图7）。

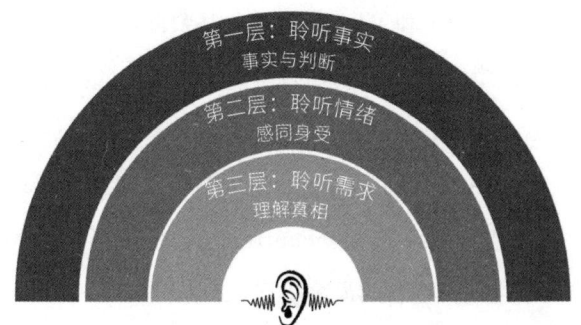

图7 同理心聆听的三个层次

第一层聆听：聆听事实。很多领导者在辅导时没有掌握全部事实，就难以换位思考，容易基于自己的视角做出判断，从而做出自传式回应。请判断下面的句子哪些是事实，哪些是主观判断。

（1）开会时A先生总是迟到；

（2）B先生很没有礼貌；

（3）C先生，今天的会议你迟到了30分钟；

（4）昨天我的老板无缘无故地冲我发火；

（5）M先生在开会的时候一直忽略我；

（6）小张开会的时候没有问我的意见；

（7）儿子经常不刷牙；

（8）小李跟我说话的时候一直在抱怨；

（9）小赵从不做我要他做的事。

以上只有（3）和（6）是事实，其余都是判断。可见，判断在人与人的沟通中很容易出现，因为人类的大脑喜欢快速决策，而依据自己经验的判断就符合大脑这一特征。但是，这种快速决策模式往往会造成事与愿违的结果。印度哲学家吉杜·克里希那穆提（Jiddu Krishnamurti，1895—1986）认为：**不带评论的观察是人类智慧的最高境界。**

第二层聆听：聆听情绪。听不懂情绪会犯逻辑性错误，因为情绪化的语言会从立场直接跳到主观结论。如果新晋领导者在辅导过程中能感同身受和捕捉到团队成员的情绪，就更容易在交流中和团队成员产生共鸣。下面举两个例子，来看看如何做同理心的聆听和回应。

例一

团队成员：我认为客户不放心我给他提供的方案。（说话时是担心的情绪）

领导者同理心回应：所以你现在感到，客户已经对你失去信心了。

这种回应同理了对方的担心情绪，让对方感到领导和自己在同一个频道上，有助于他说出自己真实的想法。

例二

团队成员：我不希望我正在做的这些工作没有意义。（说话时情绪很沮丧）

领导者同理心回应：听上去你对现在的工作感到有些焦虑。

这种回应同理了对方的沮丧情绪，让对方有"你懂我"的感受，会增加他对你的信任感。

以上两个例子表明，领导者对受辅导者的情绪做出回应，与对方感同身受，可以让对方觉得领导者在用心听他讲话，真正做到了尊重他。这时，团队成员就容易把更多真实信息提供给领导者。

第三层聆听：聆听需求。领导者通过聆听事实和情绪，与团队成员建立了信任，团队成员对辅导的参与度也会提高，之后就可以通过多问"澄清性问题"了解团队成员此时的实际需求和个人需求，让谈话顺利进入主题。澄清性问题指的是根据说话者的经历而不是你的经历提出问题。提出澄清性问题可以推动对话的发展——特别是在你得到说话者的简短回应之后。比如："你能否告诉我多一些？""我不太肯定我明白你的意思。""你能否告诉我你所指的是什么意思？"

来看看下面两个例子。

例三

团队成员：我认为客户不放心我给他提供方案。（说话时是担心的情绪）

领导者同理心回应：所以你现在感到，客户已经对你失去信心了。（回应担心，感同身受）

团队成员：是的。（团队成员确认此时的情绪感受）

领导者提出澄清性问题：你感觉他不信任你，具体指哪些方面？能谈谈吗？（提出澄清性问题，转换到解决问题）

例四

团队成员：我不希望我正在做的这些工作没有意义。（说话时情绪沮丧）

领导者同理心回应：听上去你对现在的工作感到有些焦虑。（回应担心，感同身受）

团队成员：是的。（团队成员确认此时的情绪感受）

领导者提出澄清性问题：请具体说说目前工作中哪方面让你感到焦虑。（提出澄清性问题，转换到解决问题）

4. 学会"沉默—示弱—我"的句式

人们习惯性地认为，工作中只有强势的人才是有能力的人。大多数领导者都很强势，喜欢通过"自己说什么都对"的态度来显示自我权威；或者碍于面子，做任何事情都逞强死扛。**但实际上很多时候，示强反而会处于弱势，示弱反而容易得到尊重。**新晋领导者在辅导员工时，会遇到团队成员面对如何突破障碍时一时想不出很好的方法而发生"卡顿"的现象。他们期待领导者给予指导，但这个时候领导者一定要抑制住当英雄的冲动，不要忘记辅导的目的是帮助员工自己找到解决问题的方法，即使给予建议，也最好采取"沉默—示弱—我"的句式来回应，以再次激发员工的创造性。

沉默：俗话说"沉默是金"，领导者在辅导的时候，团队成员常常一时想不出解决问题的方法，或者对自己的方法不自信，而是期待领导给出指令。这个时候领导者选择沉默，会促使团队成员积极思考，重新想方法找答案，否则团队成员就会很容易放弃思考。

示弱：辅导中领导者主动"示弱"可以激发员工履行自身职责的积极性，甚至会去做"决策背后的思考及行动"。例如，员工说："关于这个问题，我一时也没想出很好的方法，我想先听听你的想法。"领导者可以这么回答："在这方面你了解的信息比我多，你再想想还有其他方法吗？"

用"我"的句式分享观点。作为辅导者，新晋领导者要诚实——袒露真实的感受有助于人与人之间建立起信任的关系，也可以帮助团队成员以新的眼光看问题，寻找出解决问题的方法。你对他们敞开心扉时，他们才会对你毫无保留，彼此间相互尊重，可以促进双方进一步分享观点及感受。建议新晋领导者按照以下步骤使用"我"句式进行辅导、沟通。

（1）恰当地表露感受与想法。辅导中这种分享也是一种信息共享的方式，让团队成员与你同步。例如，你可以说："这个问题让我感到……""我此时有这样的感觉，是因为……"

（2）切记你的想法、意见和经验知识应作为补充建议提出，而不要全盘取代受辅导者的想法、意见和经验。

（3）如果受辅导者实在想不出好的方法，即使你给出建议，也尽量用"我"的句式给出建议，让员工没有压迫感，从而做出积极的选择。比如，你可以说："据我的经验……""如果是我，我会……"这样可以给团队成员选择的空间和时间，以提高其自主性。

以上就是新晋领导者通过有效辅导帮助团队成员成长的方法。下一章我们会继续讨论新晋领导者在有效辅导后，还要做到反馈跟进，随时纠偏，不然仍会出现杰克·韦尔奇说的现象：领导者"最容易犯的错误是成为最后一个知道问题的人"。

> **本章重点** <

有效辅导的三种方式:

1. 指导——"T.E.N.D.C."流程;

2. 辅导——说、教、练、赞、跟;

3. 教练式辅导——说、问、法、支、跟。

有效辅导激发团队成员意愿的四种方法是:鼓励参与、探寻想法、聆听意图、学会"沉默—示弱—我"的句式。

自我练习

1. 小周是一名销售人员，最近他的心情不太好。好几次，他感觉洽谈的项目都快要成交了，却因为各种各样的原因在最后一刻泡汤。他觉得很难过，因为这段时间他非常努力地学习，对于很多复杂的产品知识也已经背得滚瓜烂熟，但销售业绩不仅没有上升反而下降不少，他很想知道问题到底出在哪里，自己应该怎么办。假如你是小周的领导，学习了本章内容之后，需要你去对他进行有效辅导，你要怎么做才能帮助他重拾工作信心，取得优秀工作业绩？

2. 请根据你的情况给自己打分，在表 14 中右边评分栏勾选相应的分数，最后将各项分数相加，得分越高，表明你越容易给出"自传式回应"。（1 分代表"强烈反对"；2 分代表"反对"；3 分代表"不确定"；4 分代表"赞同"；5 分代表"非常赞同"）

表 14 聆听能力指数自测表

备选项	评 分				
能够预料别人要说什么	1	2	3	4	5
常有先入为主的概念	1	2	3	4	5
把不想听到的直接过滤	1	2	3	4	5
不等对方说完就考虑如何回答	1	2	3	4	5
听别人说话很难专心、集中注意力	1	2	3	4	5
听别人说话觉得很无聊	1	2	3	4	5
自然环境妨碍聆听	1	2	3	4	5
不愿意接收不相关的信息	1	2	3	4	5
对别人的话常存有偏见	1	2	3	4	5
常打断别人说话	1	2	3	4	5

第十二章

反馈跟进

新晋领导者如果虚心接受反馈，可以避免像井底之蛙一样傲慢。同时，新晋领导者如果想成为催化型领导者，还要能够做到对团队成员进行反馈跟进，帮助他们更加轻松地达成目标。

作为新晋领导者，如何给予团队成员有效的反馈，直接关乎你对他们的影响力，以及你可以在多大程度上获得他们的尊重。在 M. 塔玛拉·钱德勒（M. Tamra Chandler）、劳拉·道林·格雷什（Laura Dowling Grealish）合著的《反馈的力量》（*Feedback: Why We Fear It, How To Fix It*）中分享了两个研究案例。

一个研究案例是："2018 年，一家企业绩效分析机构（i4cp）和美国南加州大学马歇尔商学院高效组织研究中心（CEO）共同发布了一项研究报告，名为'绩效反馈文化可提升企业影响力'。该研究着眼于各种常被用来提升企业绩效管理效率的技术。结果发现，最能推动企业取得可量化的业绩提升的，是推行绩效反馈文化。该研究指出，绩效反馈文化是在公司实践中建立和培养起来的，会让管理人员聚焦于绩效反馈的有效实施，即进行定时的、多样化的交流，并就如何进行绩效反馈进行专门的培训。"

另一个研究案例是："杰克·曾格和乔·福克曼曾做过多项与领导力及反馈相关的严谨有序的研究，包括 22 719 名领导者，着眼于反馈与员工敬业度的关系。该研究表明，领导者能否给予员工诚实的反馈和员工的敬业度之间有着非常紧密的联系。两位研究者给这些领导者的'给予诚实反馈'能力打分，结果表明，得分排名最末 10% 的人，领导的团队在敬业度横向对比中成绩较他人低 25%。相反，排名在前 10% 的人，领导的团队敬业度排名在前 25%。"[1]

所以，新晋领导者在培养员工时要建立"反馈即成长"的意识，做到"凡有安排必有反馈，凡有执行必给反馈"。那么在日常带领团队的工作中，新晋领导者该如何做到有效的反馈跟进呢？

接下来笔者将从反馈跟进的价值、反馈跟进容易忽视的地

1　M. 塔玛拉·钱德勒、劳拉·道林·格雷什：《反馈的力量》，付倩译，民主与建设出版社，2021，第 16—17 页、21—22 页。

方、反馈的类型、有效的持续反馈的特征、有效反馈的"SBI反馈法"五个方面加以讨论。

反馈跟进的价值

盖洛普咨询公司曾做过调研，员工最害怕听到上级主管说的一句话是："我能给你点儿反馈吗？"并且只有 26% 的员工认为获得的上级主管反馈能够有效帮助他们更好地工作。[1] 很明显，多数领导者的反馈并没有发挥应有的价值。究其原因，是上级主管并没有充分观察到员工的表现，或者没有足够的能力告诉员工究竟应该怎么工作。这也印证了催化型领导者成为伯乐的价值（详见本书第二部分第六章）。

如今的工作环境已经发生了巨大变化，现代企业结构更加扁平，权力更加分散。员工有更大的自主权，并被要求用创造性的方式完成工作。这就意味着领导者不能只是根据员工做的事情是对还是错来提供反馈，还应着眼于员工自身优势及未来发展。表 15 所示是领导者有效反馈与无效反馈的区别，以及会给团队成员带来怎样不同的影响。

1　来源：盖洛普咨询公司官网，《反馈还不够》（"Feedback Is Not Enough"），https://www.gallup.com/workplace/257582/feedback-not-enough.aspx。

表15 有效反馈和无效反馈

有效反馈与无效反馈的对比点	有效反馈	无效反馈
反馈的内容	1. 聚焦在改善（归因） 2. 平衡正面行为与负面行为 3. 让团队成员感到受到了帮助	1. 聚焦在责备（归罪） 2. 一味针对负面的行为 3. 让团队成员感到受到了指责
反馈前后的技能变化	团队成员的技能能够提高（对事不对人，给需要提高的技能具体化、行为化）	不能改善团队成员技能（讨论人而不是技能，不能给需要改善的技能具体化、行为化）
反馈前后的信任关系变化	1. 提高了团队成员的自信程度 2. 领导者与团队成员之间产生信任和合作	1. 打击了团队成员的自尊心和自信心 2. 领导者与团队成员之间产生防卫和对抗
反馈对团队成员的影响	帮助团队成员知道"我在哪里""我要到哪里"，一起制订改进计划，提供建设性行动	给团队成员留下猜测，没有后续的行动

对于一名新晋领导者而言，什么是有效反馈？如何才能做到有效反馈呢？

我们先来想象一下：你遇到了一位前所未有的完美领导者，他很擅长提供有意义的反馈——让你感到你被倾听、被理解，即便他表达了一些不悦耳的信息，或者给到你更多的压力，但你的感受并不是太糟糕。这位出色的领导者会围绕员工独特的优势来进行对话，从而让对话变得积极而有建设性。

现在我们来给有效反馈下一个定义。有效反馈是指反馈者对被反馈者的行为及其带来的影响、后果用语言描述并传递给被反馈者，从而促进被反馈者积极行动。反馈的核心要素是观察，新晋领导者要仔细观察发生的事情（例如，团队成员在工作中的具体行动以及带来的影响），并清楚地表达观察到的内容。这并不是说领导者要始终保持客观观察，不给予团队成员任何建议，只是强调领导者要将观察与建议评价区分开来。如果混淆了客观观察与建议评价，被反馈者容易理解为受到了批评，因而产生防卫心理。同时，笔者发现很多新晋领导者都缺乏反馈的意识和技能，造成很多员工因缺乏反馈——这个成长的关键营养成分——而对工作产生倦怠。这样，领导者的工作难度也会增加。

例如，团队成员非常出色地完成了任务，并且超出了领导者的预期，但领导者没有给予任何反馈（如表扬），他们就会怀疑自己的工作做得是否正确。因为缺乏反馈，正确的行为没有得到强化，团队成员在下一次工作过程中，甚至可能会将正确的事情做错。而当团队成员做错时没有得到反馈，同样的错误就会反复出现，导致他们会有很强烈的挫败感。同时，领导者的反馈不仅仅是为了团队成员的成长，也是为了及时了解工作进展，清楚目标差距，以便遇到障碍能够及时纠偏，制订正确的下一步行动计划，从而保证实现目标。如果员工当下行动显示有效，领导者积极的反馈也会促进目标的达成。所以，反馈是新晋领导者需要具备的一项非常重要的管理技能。

反馈跟进时容易忽视的地方

由于管理经验缺乏等，新晋领导者在日常管理中给团队成员反馈时，往往容易犯以下几点错误：反馈不足、反馈过度、反馈不及时、反馈不具体。接下来我们就这几种情况分别谈一下。

1. 反馈不足

根据伦敦商学院企业家导师特伦斯·莫里（Terence Mauri）对 1 000 位领导者的调查，仅有 37% 的领导者会坚持给出反馈，另外 63% 的领导者则认为自己没有对员工给出足够的反馈。[1] 事实上，绝大多数员工都非常期待领导者给予反馈。员工的这种期待通常有以下原因：团队成员想知道自己目前所处的位置；团队成员希望自己的成绩受到认可；团队成

1　特伦斯·莫里：《成为年轻一代的帮手》，黄执琨译，中国友谊出版公司，2021，第 143 页。

员想知道自己需要提高的地方；团队成员不希望收到突然的告知；团队成员想保证按制订的计划前进；团队成员想保持信息通畅。

现实中，有些新晋领导者在团队管理中，可能由于性格原因，或者想当"老好人"，再或者刚刚空降到新团队做领导，对团队情况尚不熟悉，对团队里资深的老员工通常不敢给出反馈，这就容易陷入反馈不足的困境。

例如，笔者在给一家金融企业做培训时，有一名叫董明（化名）的新晋领导者给笔者讲了他的困境。他的团队里有很多资深员工，而且他们的业绩占整个团队的 50% 以上。面对这些资深员工，董明心里会有一些发怵，即便看到这些员工有问题，也不敢给他们反馈——要么装作看不到，要么轻描淡写地一笔带过。然而团队业绩达不成的时候，董明会感觉那些老员工在故意给自己下绊子。董明觉得自己已经很照顾老员工了，他们就应该给自己面子，好好完成工作任务。殊不知，这只是他的一厢情愿。

组织绩效专家蒋靖说过一句话，很适合解读董明的行为——对绩效差的人的容忍，就是对绩效好的人的惩罚。由于董明不擅长反馈，造成了无论绩效好坏的员工，在团队中都会逐渐失去方向感，甚至他们在内心里还会怀疑董明的管理水平，时间久了，次数多了，员工的职业倦怠感就产生了，团队绩效肯定上不去。

2. 反馈过度

跟前面董明的例子正好相反，有一些新晋领导者存在反馈过度的现象。

在团队管理中，性格强势或者过度相信自己能力的新晋领导者很容易出现这种行为。常言道"新官上任三把火"，一些新晋领导者一旦坐上领导位置，就会充分抓住并运用手中的权力。这类领导者认为，不管是新员工还是老员工，都是自己团队的人，都应该严格遵从自己的指令。这类领导者往往不管实际情况如何，不管团队成员是否有不同的想法，在反馈时都要求团队成员必须按照自己的方法去做，不按照自己的方法做就是不对，这正是过度反馈的体现。这类领导者甚至表扬团队成员时也会流露出以自我为中心的傲慢。在上一章有关有效辅导内容的部分，我们已特别强调了培养员工的理念，其中的两点就是：相信员工内在的智慧；实现目标不止一种方法。

3. 反馈不及时

团队管理中，有些新晋领导者在给员工反馈时，还容易忽视对工作任务反馈的及时性。这类领导者通常仅在年度或季度总结的时候才会给员工反馈一次。他们认为平常的工作按部就班进行即可，没有反馈的必要，只需等到年度或季度绩效考核的时候给员工做一个总结。由于这种反馈并不及时，所以通常只是一个大体上的反馈，不会落到每一项工作任务上，自然也不能具体到员工的日常工作行为上，这同样不利于促进员工提高工作任务的完成效率。

作为一名新晋领导者，为什么反馈要及时呢？我们在本书第二部分讲"'三力'模型之影响力"时，曾讨论过领导者要有意识推动员工的正向积极情绪。当一名员工受到及时的认可、表扬或基于信任的纠偏时，他们就会在工作中更加投入、敬业度更高；反之则会造成员工没有兴奋度，自然也不能持续产生绩效。请记住：

（1）当员工确实做了值得骄傲的事情时，领导者的反馈越及时，员工就越会感到骄傲。

（2）当员工确实有所成就时，领导者的反馈越及时，员工就会越有成就感。

（3）当员工承担了重要的任务时，领导者的反馈越及时，员工就越会觉得自己是重要的。

4. 反馈不具体

相信已经做了父母的人可能都听过这句话：好孩子是夸出来的。需要注意的是，这种夸不仅仅是停留在结果上，还应该聚焦在过程的行为上。

例如，妈妈看到孩子放学后自行把数学作业做完了（写作业相对于考试结果是一个每天都要坚持的过程），而不是等着妈妈下班回来才开始写作业。这个良好的行为就要鼓励，妈妈可以对孩子这样说："今天我一回来就看到你把数学作业做完了，妈妈真高兴……"孩子就有可能第二天放学回来继续在妈妈下班之前把作业做完。父母这种及时具体的反馈就可以强化孩子良好的行为。很多家长喜欢在孩子考出好成绩时才给予表扬或奖励，而这种结果需要等待一段时间才能体现出来，容易造成孩子无法有持续学习的动能。

同样在工作中，新晋领导者在给团队成员反馈时，要有意识地分清楚结果与过程反馈的区别。新晋领导者不能片面地认为反馈只是一种对工作任务结果好坏的评价，而应在工作过程中及时对团队成员的行为有所反馈。只有不断强化或者纠偏员工的行为，才能保证他们在正确的轨道上发展。

反馈的类型

智睿企业咨询将反馈分为正面反馈和改进型反馈两种类型。

正面反馈是指领导者对团队成员良好的行为做出及时、具体、真诚的表扬强化。正面反馈能够让团队成员马上获得成就感，促使他们的表现更加积极主动。所以正面反馈就好像送团队成员玫瑰一样，既让他有荣誉感，领导者自身也"手有余香"。

改进型反馈是指领导者对团队成员不良的行为做出及时、

具体、真诚的批评纠偏。改进型反馈可以帮助团队成员正确认识到问题所在，并鼓励他们找到解决问题的方法。这种反馈要注意语言表达技巧，待消除员工的防卫情绪后，效果容易达到最佳。根据"没有经历痛苦就不会有成长"（No Pain No Gain）原则，这种纠偏不良行为的反馈可以让员工印象更深，成长更持续。

有效的持续反馈的特征

有效反馈绝不仅是说说"谢谢"或"做得好"就够了，虽然团队成员会因为你注意到他们的辛勤工作而更有积极性，但措辞含糊的正面反馈效果极微，同样情况对改进型反馈亦然。要想产生真正的价值和持久效力，反馈就得具备具体、及时、平衡三个特征。

1. 具体

有效反馈必须以精确的言语，反映那些已经完成的可被测量的工作。

（1）用明确、可衡量的指标详细指出员工完成了哪些工作或者未完成的工作。把员工业绩与工作目标做比较能说明员工的工作是否有效，或者他们是否需要进行调整。

（2）说出他们如何达到工作目标。他们采取了哪些行动？

他们支持了公司的哪些价值观？哪些工作方法是有效的？

（3）解释为什么他们的行动很有效。其工作成果如何？人们有什么反响？有什么样的结果？

2. 及时

有效反馈还体现在及时性上，新晋领导者对团队成员的行为（和任何积极的结果）尽快作出表扬，会更加强化他们的记忆。同时，及时的反馈更真诚。

（1）及时、正面的反馈能强有力地促进和增强积极的行动和工作成果。

（2）及时、发展型的反馈能尽早提供建议，以便他人及时调整工作状态，提高工作效率。

3. 平衡

随着时间的推移，新晋领导者要平衡自己的正面反馈和改进型反馈。如果新晋领导者的反馈都是正面的，就会错过帮助员工追求更高目标的机会。同理，如果新晋领导者的反馈只是喋喋不休的正面评论，大家也会怀疑你的真诚度。

（1）如果只强调员工需要做得更好或更多，对其出色的成绩视而不见，那么这样的反馈会打击员工的自信和自尊。

（2）领导的反馈如果只是针对已经做得很好的工作，同样也是无效的。因为他们错过了帮助员工取得更大成功的机会。

有效反馈的"SBI 反馈法"

那么，怎样才能做到有效反馈呢？请作为新晋领导者的你思考以下问题：反馈时，我如何能让反馈对话聚焦在未来发展上？反馈时，我如何能减少团队成员的防卫心态？反馈时，我如何能改善团队成员的行为？（强化良好行为或者纠偏不当行为）反馈后，我如何不让团队成员留下猜疑？

基于以上思考，这里建议新晋领导者采用"SBI 反馈法"。

1. 什么是"SBI 反馈法"？

"SBI 反馈法"是美国创造性领导力中心（Center for Creative Leadeship，CCL）首先提出的在职场中对团队成员或者同事提出有效反馈的一种方法。该方法一经提出便被很多公司采用，它可以有效帮助员工持续达成工作绩效。"SBI"具体是指：

情境（Situation）：被反馈者面临的具体工作任务目标或面对挑战的情境。

行为（Behavior）：被反馈者在面对具体的工作任务目标或挑战情境时所采取的行动。

影响（Impact）：被反馈者所采取的行动带来的正向或负向的影响。这种影响可能是对工作任务、团队内部、外部，或者是对客户的影响。

2.“SBI 反馈法”在正面反馈中的运用

“SBI 反馈法”在正面反馈中的运用要点包括：及时、具体，保持真诚，寄希望于表扬之中，传经验于表扬之中。

及时、具体： 反馈一定要及时，"及时"保证了反馈的时效性，当领导者看到团队成员值得正面反馈的行为出现时，及时的反馈会让团队成员当下就知道，他的行为是领导者希望看到的，并且双方都能明白这种行为是什么。"具体"指的是团队成员具体的行为，说了什么、做了什么，领导者就好像摄像机，只是陈述看到、听到的客观事实，而不夹杂自身的评价及想象。

例如，某新晋领导者的团队成员小张，在与市场部孙总沟通时，期望获取大客户覆盖率数据。对于小张的表现，新晋领导者可以这样说："小张，刚刚你在市场部的项目对接会上与孙总沟通的时候（情境）说：'我们希望在周三前收到市场部整理的上个月的大客户覆盖率数据，这样能来得及在下周总经理参加的项目复盘会上提出下一步计划，您看可以吗？'（行为）这句话就非常具体，能够让孙总明确我们想要的是什么（影响），是非常好的沟通方式（行为）。"从这个例子中，我们能够看到小张明白了这位新晋领导者所说的具体是什么意思，这种及时、具体的反馈，可帮助团队成员强化正确行为。

如果这位新晋领导者换一种说法："小张，去年你做过一个项目，我觉得当时你做得非常好，加油！就这么去做！"小张听到后可能当时就蒙了："去年？我做了什么？哪个地方做得好？"当然，这个例子有一些夸张。及时、具体的意义就在于新晋领导者能够及时明确团队成员的当下行为，同时也在于表达领导者对团队成员的尊重。

保持真诚：真诚是所有优秀领导者的共同品质。子曰："君子坦荡荡，小人长戚戚。"新晋领导者应当学会以诚待人，尊重员工，让员工知道你理解并且感谢他们的工作。真诚是新晋领导者的自我修炼在工作中的真实体现，是管理者获得信任的最好方法，也是新晋领导者发自内心去体谅团队成员、理解团队成员、换位思考的绝佳体现。

寄希望于表扬之中：员工出色地完成了一项工作任务后，为了帮助他们持续展现良好行为，除了表扬，新晋领导者可以鼓励团队成员：类似的行为他可以在其他场景应用。这是对员工表扬的一种强化。比如，在上面那个例子中，新晋领导者在表扬小张与市场部沟通具体有效之后，可以进一步说："下周与研发部的项目会上，你也可以像今天这样保持清晰、明确的有效沟通方式！"

传经验于表扬之中：当员工出色地完成某项工作任务或者表现出一种良好的工作行为时，领导者不仅要加以肯定，还可以向员工发出分享经验的邀请。比如，上例中的新晋领导者可以说："小张，这次工作任务完成得非常出色。能不能把你这次完成工作任务的方法、取得的经验，在月底复盘会上给大家分享一下啊？"如果小张同意了，除了能提高他被表扬的成就感，进一步调动他的工作积极性，还能够让他的良好行为扩大影响到团队其他成员，从而取得一举两得的效果。

举个例子：今天领导看到团队成员杜仲（化名）在处理一个客户投诉，尽管客户对她态度非常不好，但是她一直保持微笑，同时迅速捕捉客户情绪，采取同理心的处理方式，使客户很快从情绪发泄转到问题解决上来，最后客户满意地离开了。

这时，领导应该对杜仲给出正面反馈。具体可以这样说："杜仲，今天你处理客户投诉的时候，客户对你的态度非常不好（情境），但你一直保持微笑，并且能够感受到客户的情绪，然后站在对方的角度，采取了具有同理心的回应，说得非常好！我看到客户听你这么说的时候情绪缓和了许多，他的问题也解决了（行为）。这样的处理方式不仅平息了客户的怒火，还让当时在场的其他客户不再关注这件事情，没有影响到其他人（影响），真的做得太好了！周会的时候我们可以把这个案例讨论一下，帮助其他同事以后更好地处理类似问题（传经验于表扬之中）。谢谢你杜仲！干得好！"

3."SBI反馈法"在改进型反馈中的运用

"SBI反馈法"在改进型反馈中的运用要点包括：及时、具体，尊重加保护（双赢动机），"一币两面"原则，具体矫正不当行为，惩罚措施要有制度依据。

及时、具体：新晋领导者在提出改进型反馈的时候，及时、具体仍然很重要。不要觉得及时反馈会让团队成员感到难堪，事实恰好相反，领导者在对团队成员进行改进型反馈时一定要及时而且具体，否则等事情过了"保鲜期"再向团队成员反馈，就容易给团队成员带来翻旧账、找碴儿的感受。

尊重加保护：新晋领导者在提出改进型反馈的时候，还要注意团队成员的情绪。前文我们提到过情绪对于反馈结果的重要性，在情绪放松和愿意接纳的情况下，团队成员的行为更容易发生改变；处于对立情绪的时候，团队成员不仅听不进去领导者的反馈，甚至会对领导者的反馈怀有敌对情绪。因此，在反馈的时候，要让团队成员感受到你没有"恶意"，只是为其能够完成任务提供帮助，减少其防御心理。比如，新晋领导者可以这么说："小王，刚刚我看你和客户沟通的时候，虽然在执行原来的计划，但却没达到之前预想的结果，你认为是什么原因呢？我一直在边上观察，有些看法不知道对你有没有帮助……"

"一币两面"原则：就像一枚硬币有两面一样，团队成员的不当行为背后也有积极的因素，甚至很多问题并不是团队成员造成的。所以领导者反馈时，要兼顾团队成员行为中出现的问题和积极因素这两个方面，才能让团队成员感到公平和受到尊重。

具体矫正不当行为：反馈中，新晋领导者在矫正团队成员的一些不当行为时，往往很容易从自身的看法、感受和情绪出发做出主观的反馈。例如，当团队成员犯错时，有的新晋领导者会说："我感觉这件事情你做得不对，你看吧，我就说你是这种毛毛躁躁的人，做什么事情都不够细致。"这种主观的反馈方式极容易给团队成员贴标签、下定义，使他们产生抵触情绪。因此，领导者在反馈的时候要针对团队成员的具体行为直接反馈，而不是根据他的行为引发自己其他的联想。

惩罚措施要有制度依据：当团队成员的行为造成损失时，领导者如果要做出处罚措施，必须有相应的制度规定。不能因为自己一时脾气上头，而做出不理智的处罚。这种处罚不但会让被罚者不服气，而且也会让团队其他成员感到恐慌。尤其是新晋领导者在团队管理中更要注意依据制度，奖惩时做到公平公正。

举个例子：如果员工迟到了，新晋领导者说："小李，你怎么又迟到了？你怎么总是做不到守时呢？"这样说就等于全面否定了这个人。领导者应描述其行为，让对方清楚地了解这件事。如果换种方式，领导者这样说："小李，今天的培训我们约定的是 9 点钟开始，结果我发现你 9 点 50 才进入会场。"这种客观描述行为的说法，目的是将对话聚焦在客观事实上。说完行为之后，就要谈行为带来的影响："因为你迟到了 50 分钟，今天关于新流程的使用方法你就没有学到，这会影响你在工作中的效率。"这样说是为了告诉对方，其行为会造成什么样的影响。影响可以是对他自己的，也可以是对其他人的。最后要表达对他的期待。需要注意的是，期待一定要具体，千万不能说"我希望你明天早一点儿"，或者"我希望你下次别迟到了"，而要说"我希望下次培训的时候，你能提前 10 分钟进入会场"，这样的期待就非常清晰具体了。有些团队成员的不当行为可能带来绩效损失，在做相应处罚时也要依据规则。

在采用改进型反馈的时候，如果领导者给团队成员提供建议，请用带"我"的句式。有关这一点我们在本书第十一章"辅导中激发团队成员意愿的四种方法"中讨论过。

看看在下面这个给团队成员反馈的场景中，你作为新晋领导者，有没有真正掌握改进型反馈。

明天你要交一份重要的报告给上级，其中有一部分需要团队成员小杨协助。第二天上班，小杨把她做的报告交给你。但是你发现报告里有很多地方数据不详或者没有数据，于是你批评小杨："你做事太不认真了，连写报告的最基本原则都不知道吗？"小杨听到这样的批评，内心一定会有怨气。

如果你采用改进型反馈的方式，你会怎么对小杨说？自己独立思考一下，然后和下面我们提供的发展型纠偏反馈做比较。记住"SBI 反馈法"的改进型反馈的步骤：情境、行为、影响。

你可以这么说："小杨，我看了你完成的项目进展报告（情境）。不过我发现这份报告里有两处数据出处标识错误（行为），首先值得表扬的是你及时把报告交给我（一币两面，尊重加保护），但是这些错误会降低报告的可信度，会影响上级决策的准确度，也会影响你的绩效（影响）。如果由我来做，我会对所有关键数据，让相关部门做确认（具体矫正不当行为），以确保数据百分之百准确。下次一定要改正。"

面对这样的改进型反馈，小杨立即就明白自己错在哪里了，知道报告的哪些地方需要修正。当小杨把报告修改好，再次交到你手上的时候，你最好对她及时修正的行为做正面反馈，这样就可以激励强化她的良好行为。

反馈跟进能力是管理工作中非常重要的一环，但很多新晋领导者通常会面临反馈不足、反馈过度、反馈不及时、反馈不具体等困境。要想对团队成员做出有效反馈，可以借助"SBI反馈法"。虽然"SBI反馈法"在正面反馈和改进型反馈中具体的运用要点不完全一致，但是思路相同。

新晋领导者熟练掌握"SBI反馈法"后，就能通过有效的反馈把普通员工变成优秀员工，把明星员工变成超级明星员工。

> **本章重点** <

　　有效反馈是新晋领导者激发团队成员积极行动的技能，它指反馈者对被反馈者的行为及其带来的影响、后果用语言描述并传递给被反馈者。

　　我们建议新晋领导者采用"SBI反馈法"：

　　情境（Situation）：被反馈者面临的具体工作任务目标或面对挑战的情境。

　　行为（Behavior）：被反馈者在面对具体的工作任务目标或挑战情境时所采取的行动。

　　影响（Impact）：被反馈者所采取的行动带来的正向或负向的影响。这种影响可能是对工作任务、团队内部、外部，或者是对客户的影响。

自我练习

今天，你观察到主管小刘在批评另一名正在接受培训的新员工小李。小刘当着其他学员的面批评了小李，这使得小李看上去很尴尬。后来，另外一名员工告诉你，有一次他听到小刘对小李说："我真不敢相信你还学不会！"作为一名新晋领导者，你对小刘这种批评人的方式有什么改进建议？

后　记

　　一年前准备出书时，我已经在甲方、乙方企业从事培训、咨询工作二十多年。根据马尔科姆·格拉德威尔（Malcolm Gladwell）在《异类》（*Outliers*）中谈到的"一万小时法则"，想来自己在培养新晋领导者领域做培训、咨询已经远超一万小时了，也形成了一套能帮助新晋领导者迅速适应新角色、掌握新技能的理论模型，并已经在帮助各种类型企业的新晋领导者成功转型中得到验证。每次在课堂上看到学员有不同收获的景象，我是很高兴的。但是把这些内容变成文字，发现有很多未尽之言。

　　最后还是想给新晋领导者一点建议。

　　对于绝大多数新晋领导者来说，从个人贡献到领导他人是一趟非常艰辛的旅程。这个旅程大部分是改造自己的过程，你需要的不仅是进取精神和更大的抱负，还需要有勇气去做一些有违本性或不符合别人期待的事情，很少新晋领导者能仅凭自己的性格或喜好就可变成催化型领导者。

所以，新晋领导者要不断地自我评估，寻求反馈意见，发展团队成员，这必然会让你承受许多痛苦与风险。而在这个旅程中，你可能会发现，你并不是想象中那个理想的自己。

寻求别人的协助或建议，似乎暗示你有某些缺点或不足之处；听到让自己不舒服的话时还要坦然地接受，这需要极高的成熟度；向一些让你心存顾忌的人寻求协助，比如不友善的同事或者掌握自己前途的上司，也不是一件容易的事；你需要不断与人分享弱点和成长需求，这更需要你解除自我防卫……

但你别无选择，这趟旅程要求你必须努力超越自己原有的优势，快速发展新的能力，才能应付越来越复杂、越来越艰难的挑战与责任。

感谢北京大学国家发展研究院管理学教授、BiMBA 商学院副院长兼 EMBA 学术主任宫玉振教授，我在该商学院读书期间，他给了我很多指导和建议，是我步入培训、咨询行业的职业导师。

感谢普智万方咨询创始人、智睿企业咨询华北分公司前董事总经理朱彦昌（Andrew），最初我在甲方时与朱总合作非常愉快。在很多领导力发展项目的实施中，朱总给了我很大的帮助。在我形成自己的领导力发展理论时，智睿的理念也深深影响了我。

感谢本书的顶级策划团队山顶视角的王留全老师、李俊佩老师对我的信任和激励，感谢四位老师在本书的策划、结构和文字各环节严格把控的专业态度，以及从选题策划到章节写作给予我的极大帮助。

感谢我的工作室伙伴祝刚老师、王磊老师、毛威老师、汪龙老师等提出有价值的建议，帮助我审核本书内容。

感谢跟我亦师亦友的同学韦三水，没有他最初的引荐和推动，就没有我坚持写完的信心。

感谢在我为培训、咨询做课前调研时，把自己带领团队的困惑告诉我的众多新晋领导者，因为你们与我积极真诚的交流，我才能更加有的放矢地提出自己的浅见，为大家提供解决方案，尽绵薄之力。

徐立新

2024 年 10 月 15 日于北京